集雅齋畫譜

張白雲選名公扇譜

◎基礎範本◎經典畫譜◎名家名刻◎圖文并茂

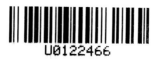

U0122466

〔明〕黃鳳池 編

浙江人民美術出版社

出版說明

《集雅齋畫譜》（又名《唐詩畫譜》《八種畫譜》），明黃鳳池所輯，蔡沖寰等繪，羅劉次泉等刻。黃鳳池，生卒年未詳，新安（今安徽徽州）人。黃氏爲萬曆年間著名的書籍商，曾於杭州開設書坊集雅齋，刊印了大量精美的畫譜。《集雅齋畫譜》即爲其中之一。

《集雅齋畫譜》包括《五言唐詩畫譜》《六言唐詩畫譜》《七言唐詩畫譜》《梅竹蘭菊四譜》《唐解元仿古今畫譜》《張白雲選名公扇譜》《草本花詩譜》及《木本花鳥譜》八種。其中，前三種各取唐詩五十首，按詩意繪成圖畫。被認爲「是詩亦是畫，是畫亦是詩，充分發揮了感人的情趣」。《梅竹蘭菊四譜》則將梅、竹、蘭、菊畫法做了詳細圖解。其後所附成稿構圖，偏側俯仰，備具神態。《唐解元仿古今畫譜》及《張白雲選名公扇譜》乃據前人成稿摹刻而成，諸凡人物、山水、花卉、禽獸各類俱全，書畫咸備。而全譜細摹精刻，生動有致，陳繼儒稱讚此譜：「較之山水則氣運噓吸，人物則神情灑落，花卉則輾轉生動，雖濃淡稍得其宜，而意趣都入化境。」《畫譜》出版後，産生了至爲深遠的影響。早在康熙年間，日本即將此譜翻刻重印；嗣後二百餘年間又兩次重刊，足見此譜受到美術界的重視。

總而言之，《集雅齋畫譜》是明代後期課徒性畫譜風行潮流中的精品，不僅可作爲學習和研究山水、花鳥創作方法的經典書目，也可視作明代繪畫、版刻、書法的重要參考資料。本次出版，以明刊本予以影印，以饗讀者。

張白雲選名公扇譜

清繪齋

選刻扇譜敘

余每與董太史曰天地間古往今來名公片隻字無非墨寶嗟乎有落水火刦石有入村夫手者有質重價

伐之士大夫而湮沒者種種凌
夷亦可枚舉玄宰曰何當
制之一處俾幾朝夕臥遊
其間上平生一大快事相問
大笈亦覺總例之後武林金氏

以大梁張白雲所集名公扇
譜數百頁法山水人物花卉
較之山水則氣運嘘吸人物則
神情灑落花卉則展轉生
動雖濃淡稍得其宜而一丘

趣都入化境所謂洗畫鉛
華獨存本質然金氏完
是譜者亦可謂之千秋人歟
雲間陳繼儒

眉公

陳繼儒

山中何所
有
嶺上多白

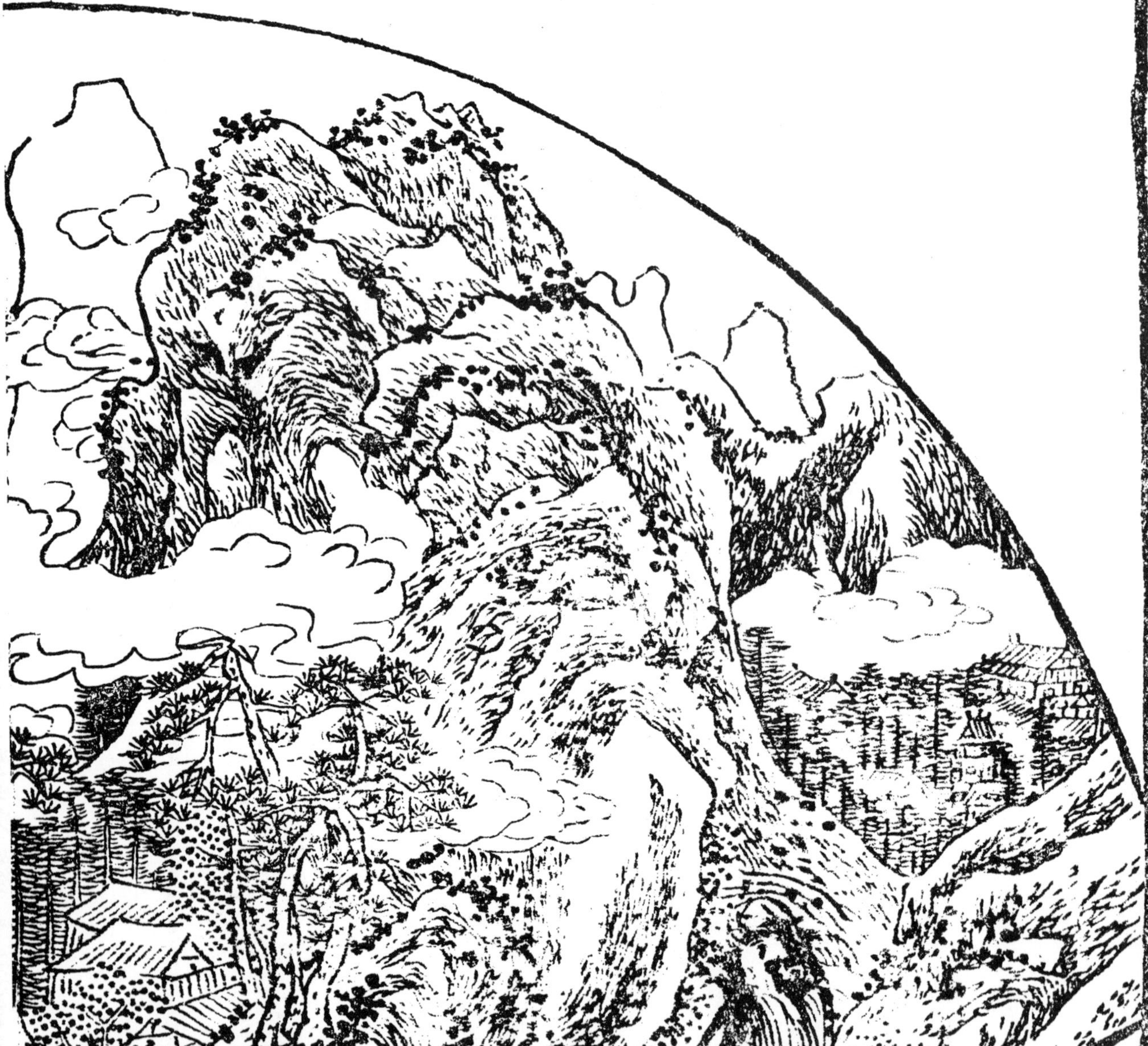

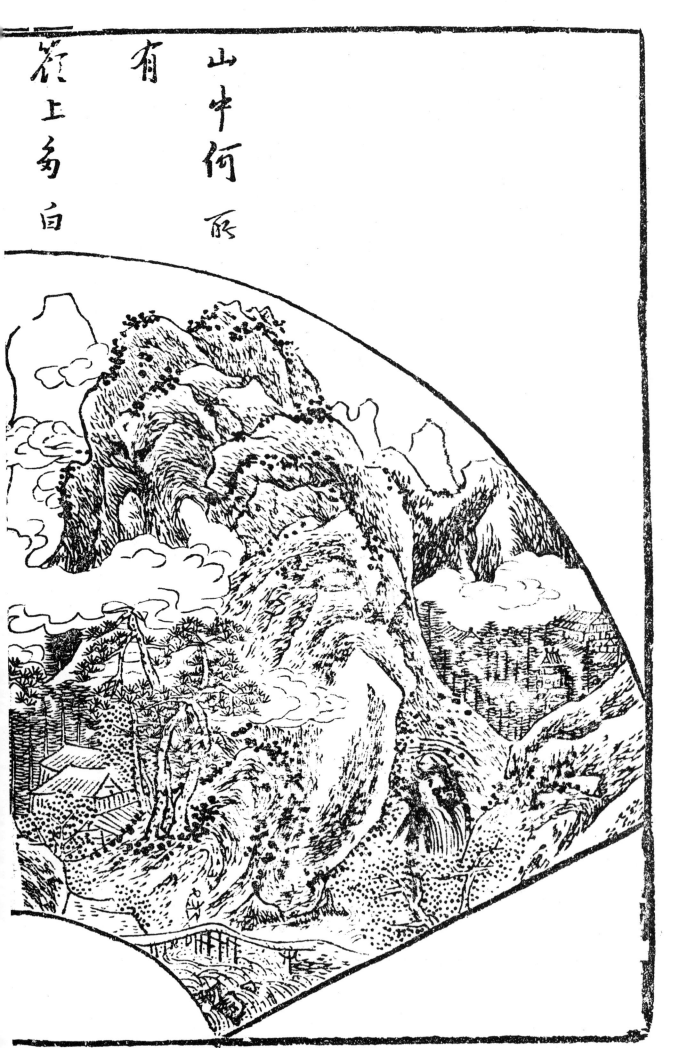

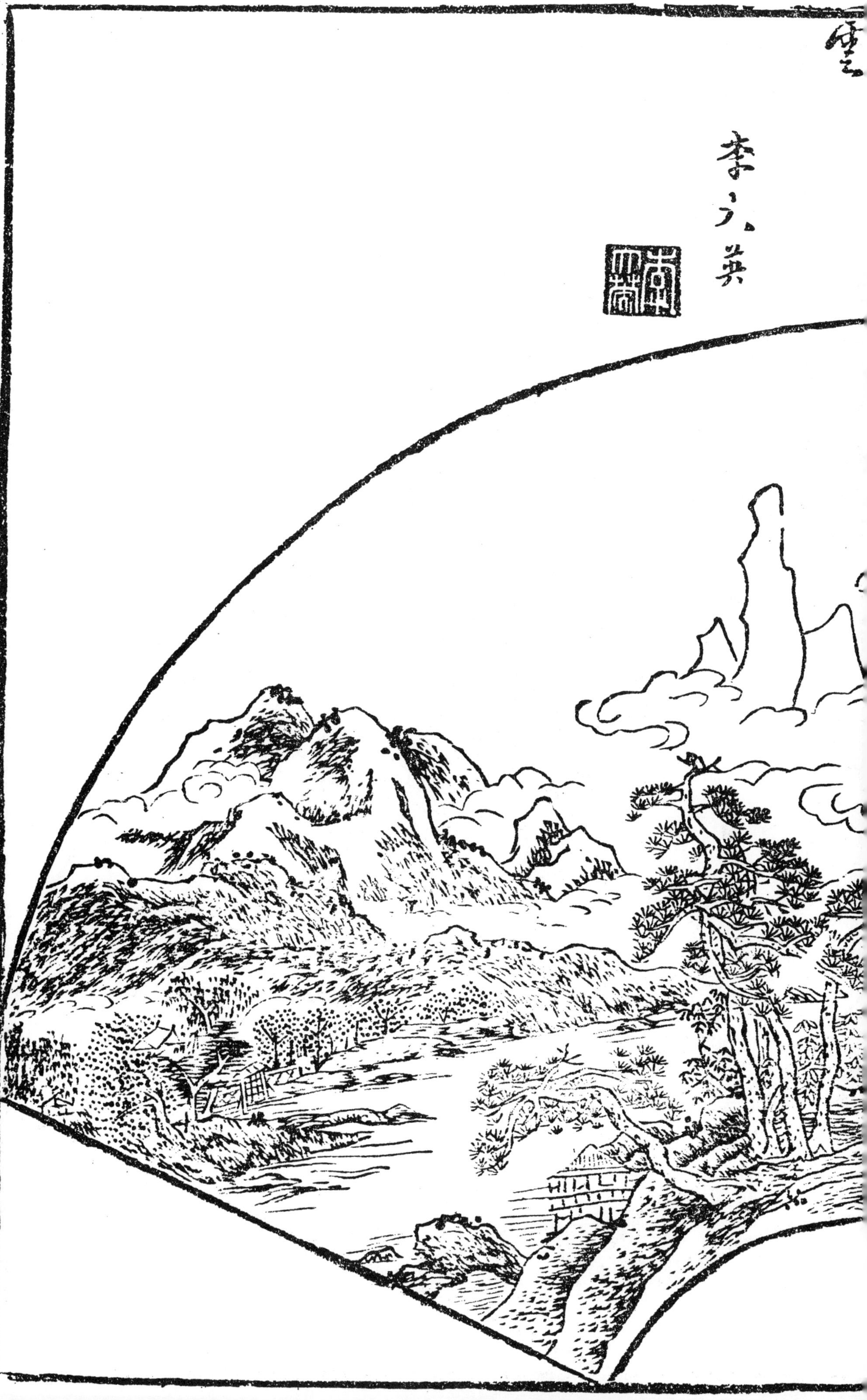

唐子畏八月望前一日於西湖水月舟中倣玉泉

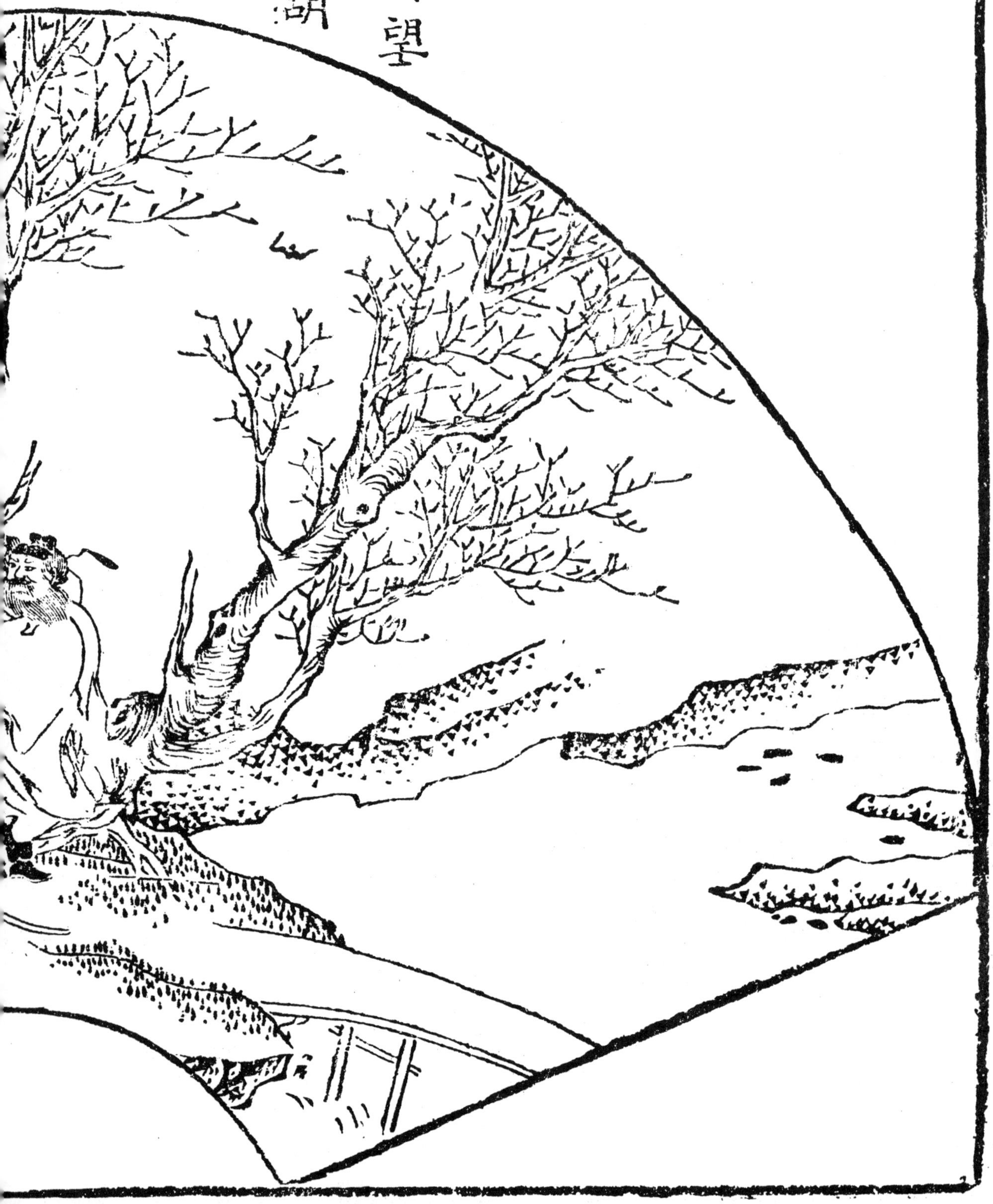

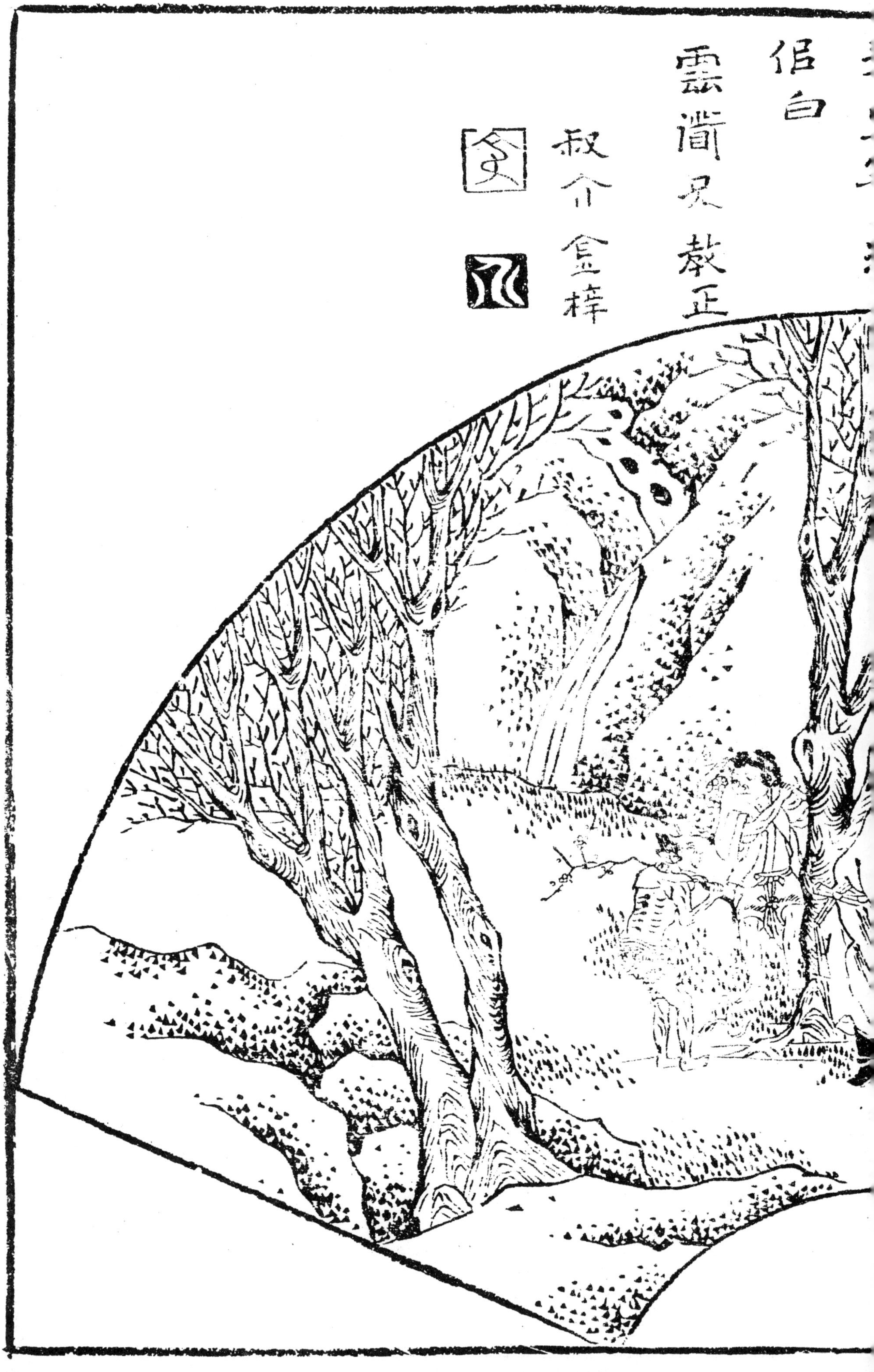
侶白
雲澗兄 教正
叔介 盦梓

愛有晴雲開
繡壁

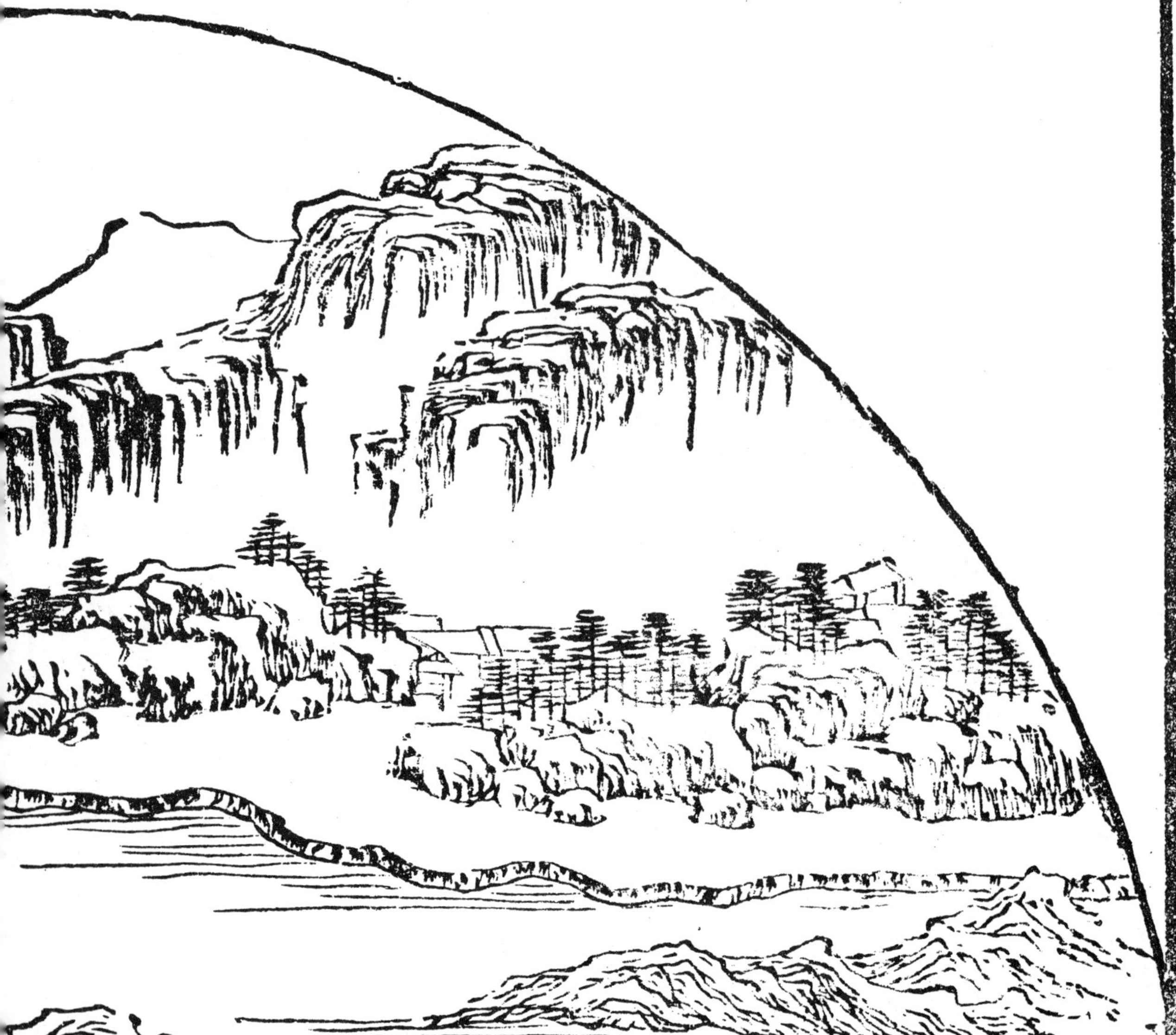

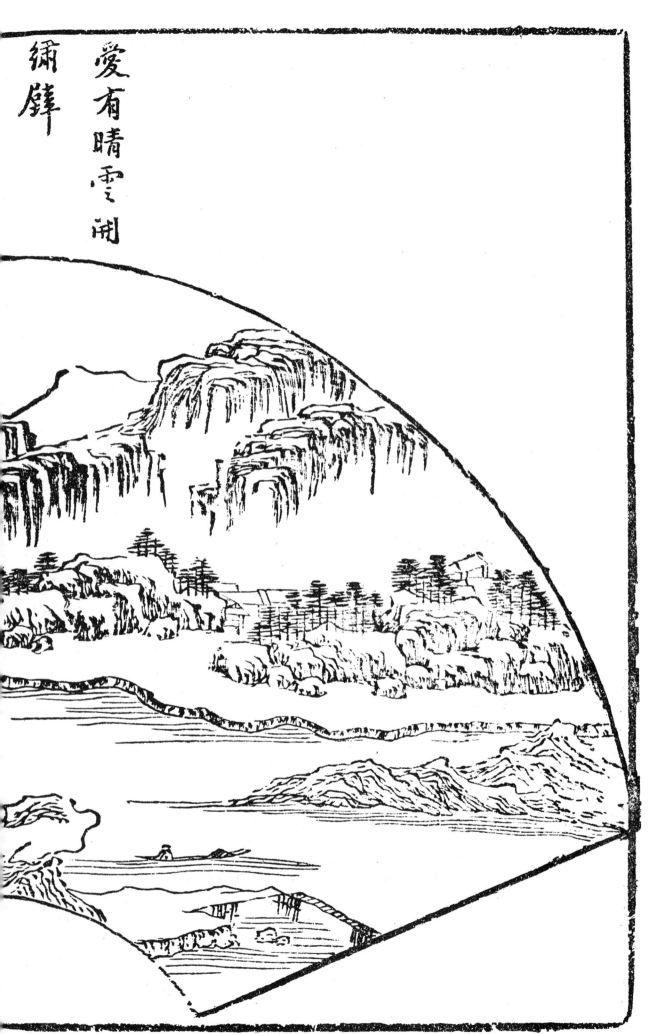

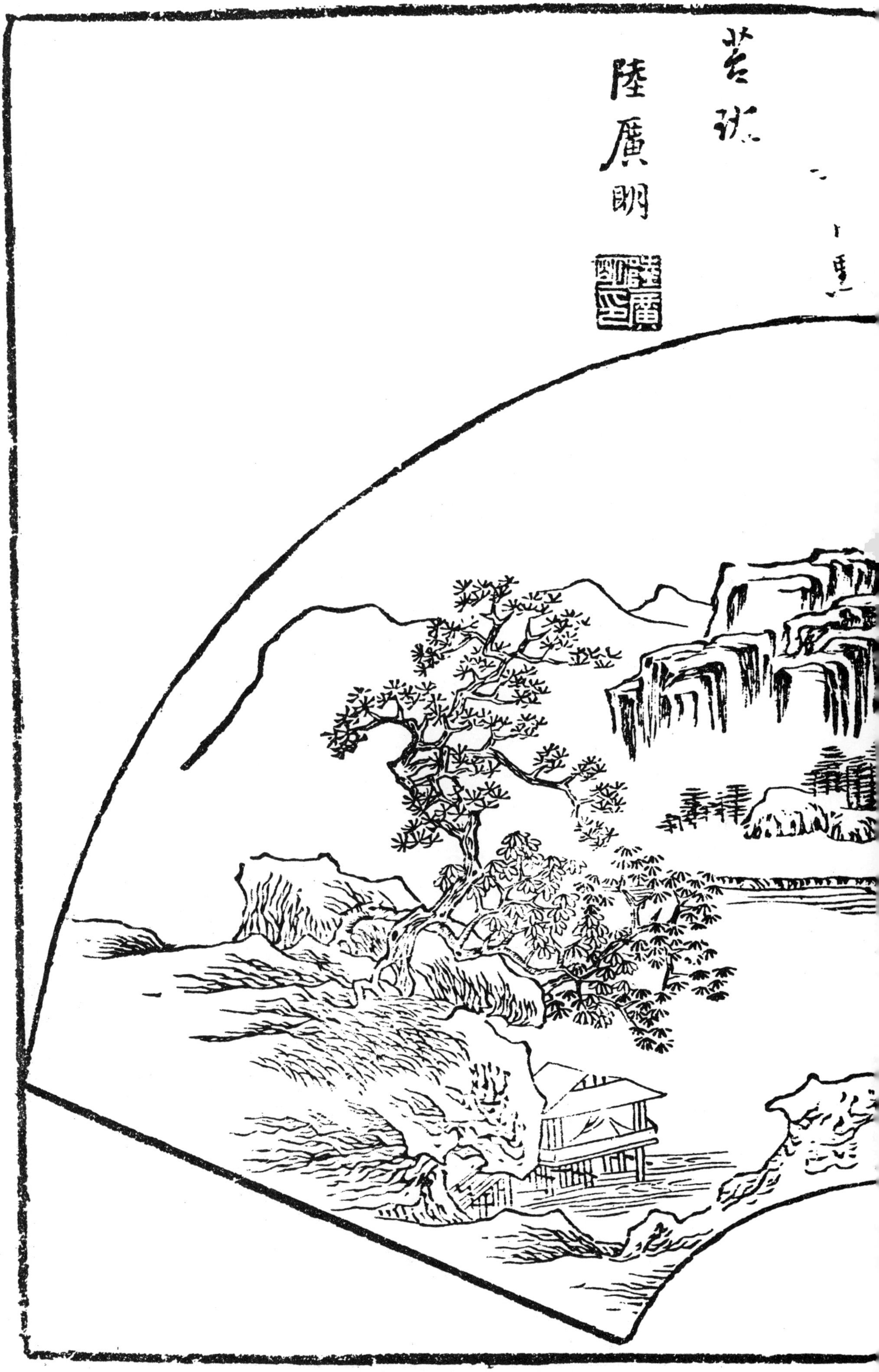
陸廣明

斜陽踈雨千峯外

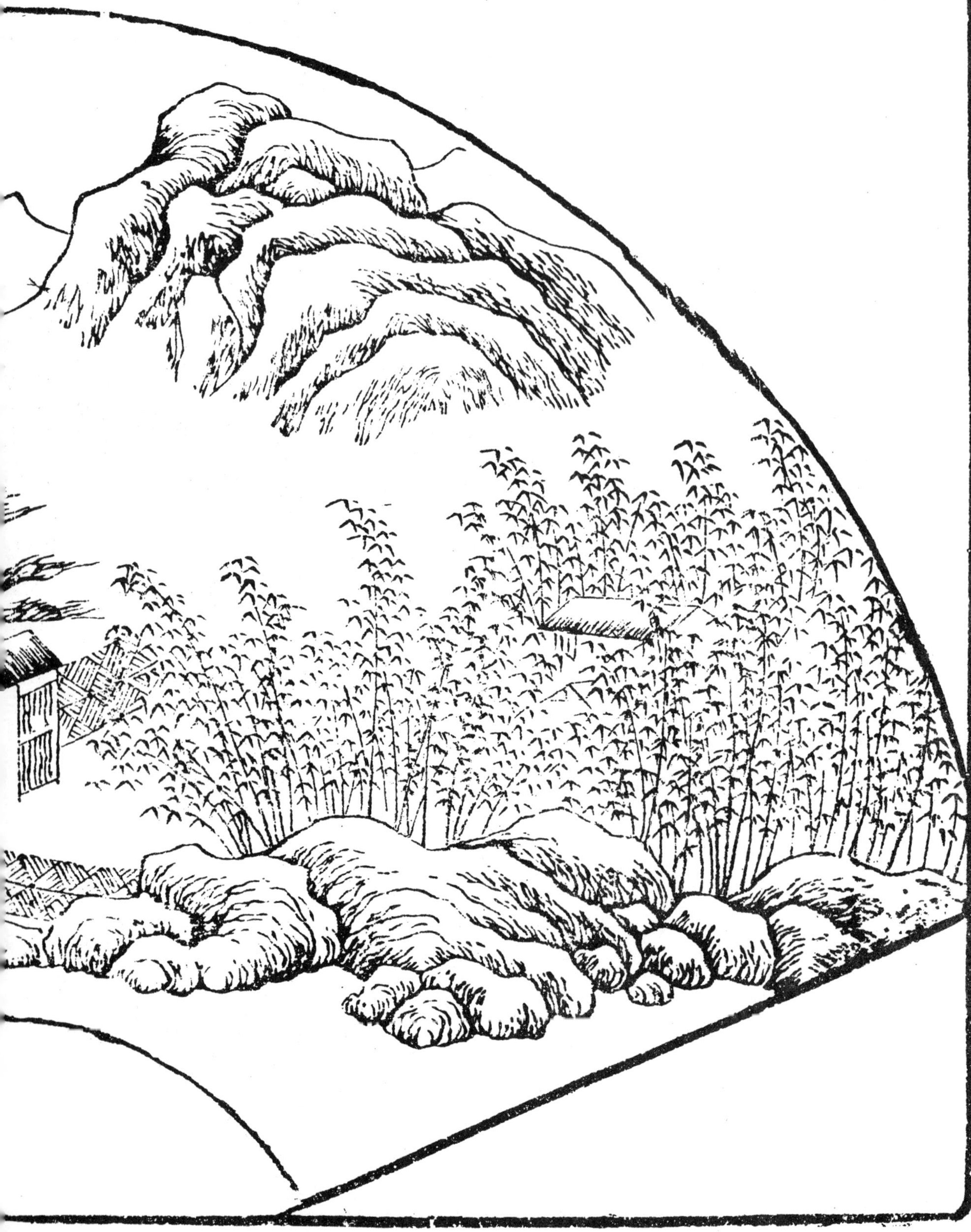

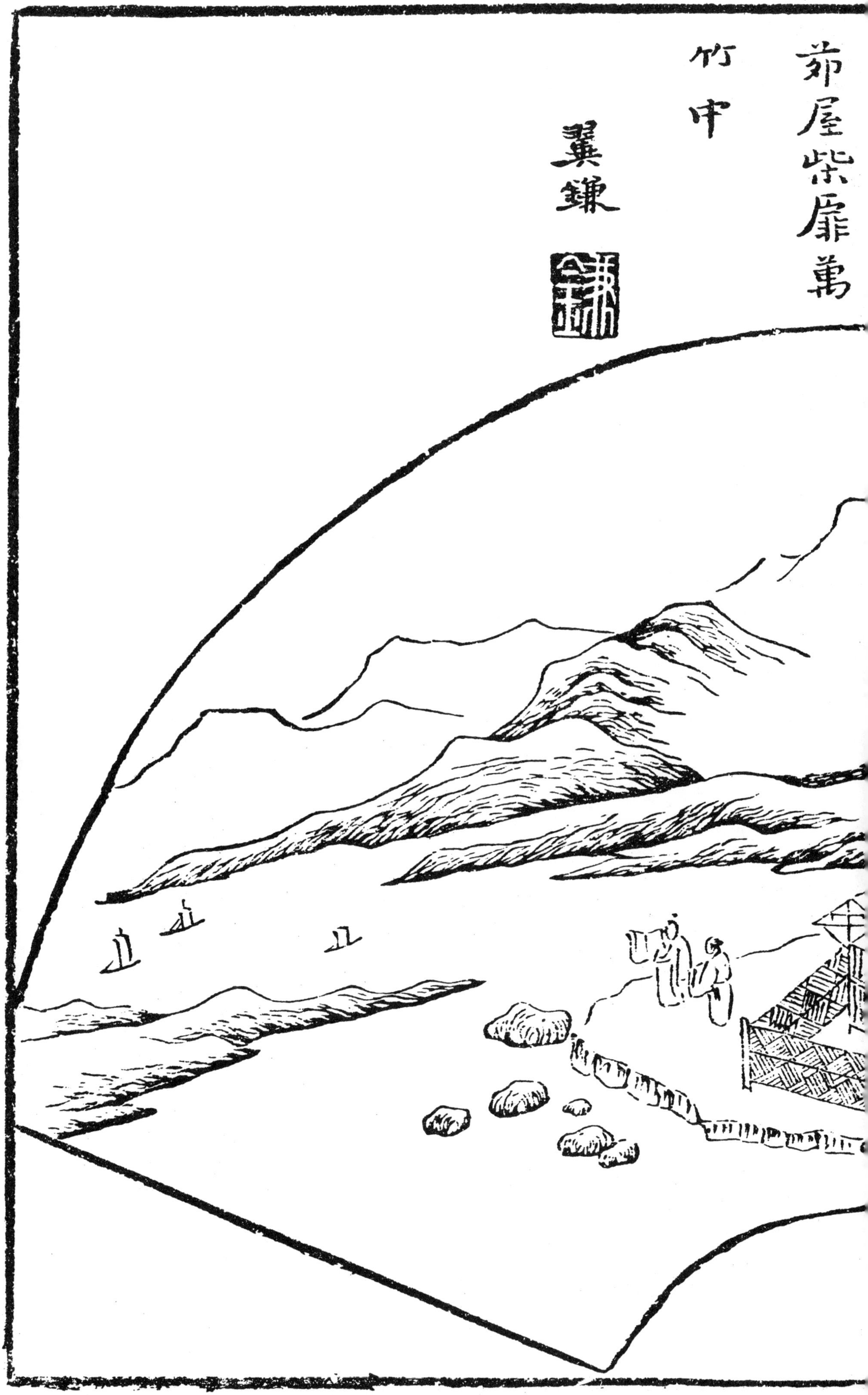
茆屋柴扉萬
竹中
冀鎌

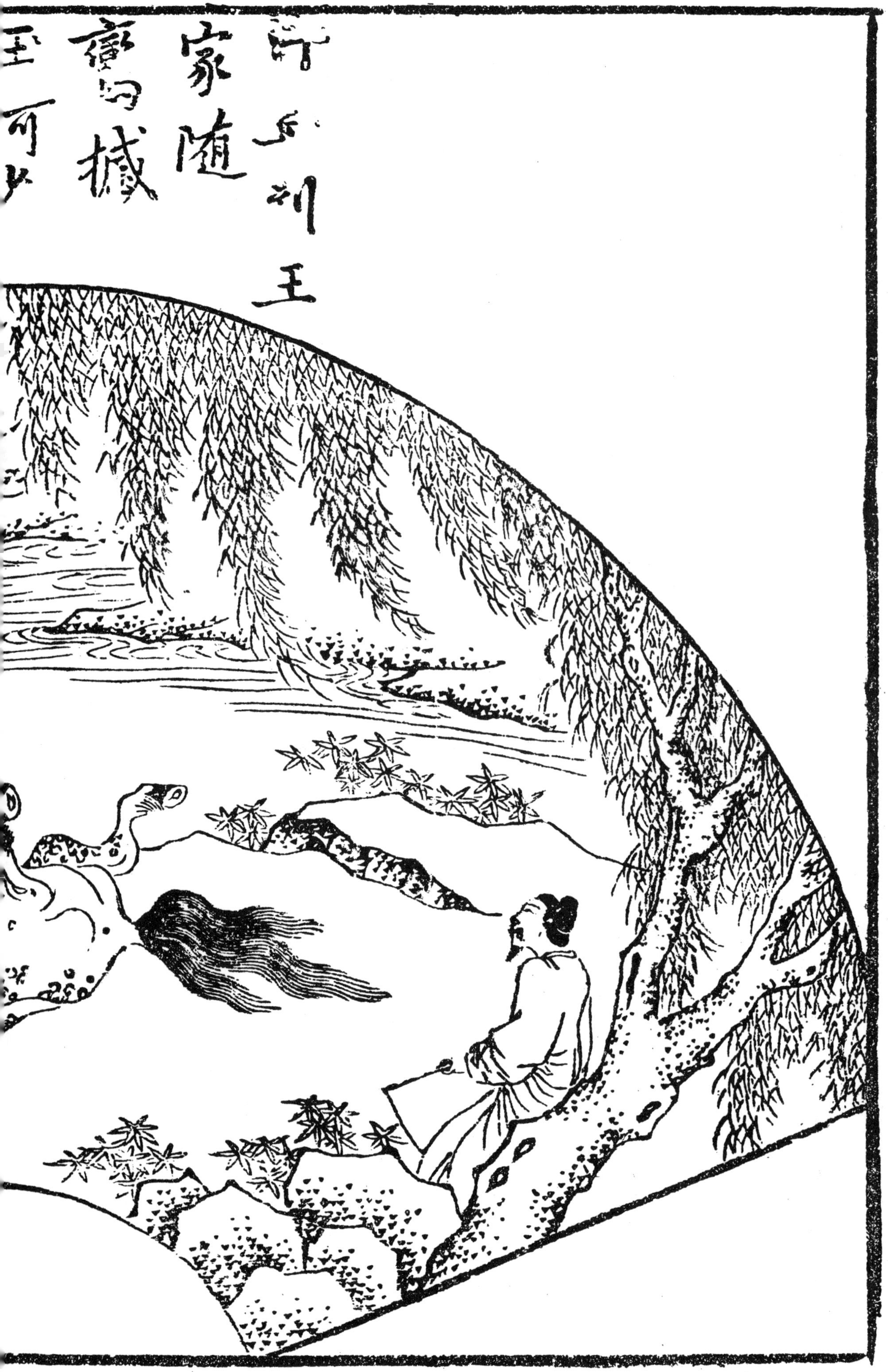

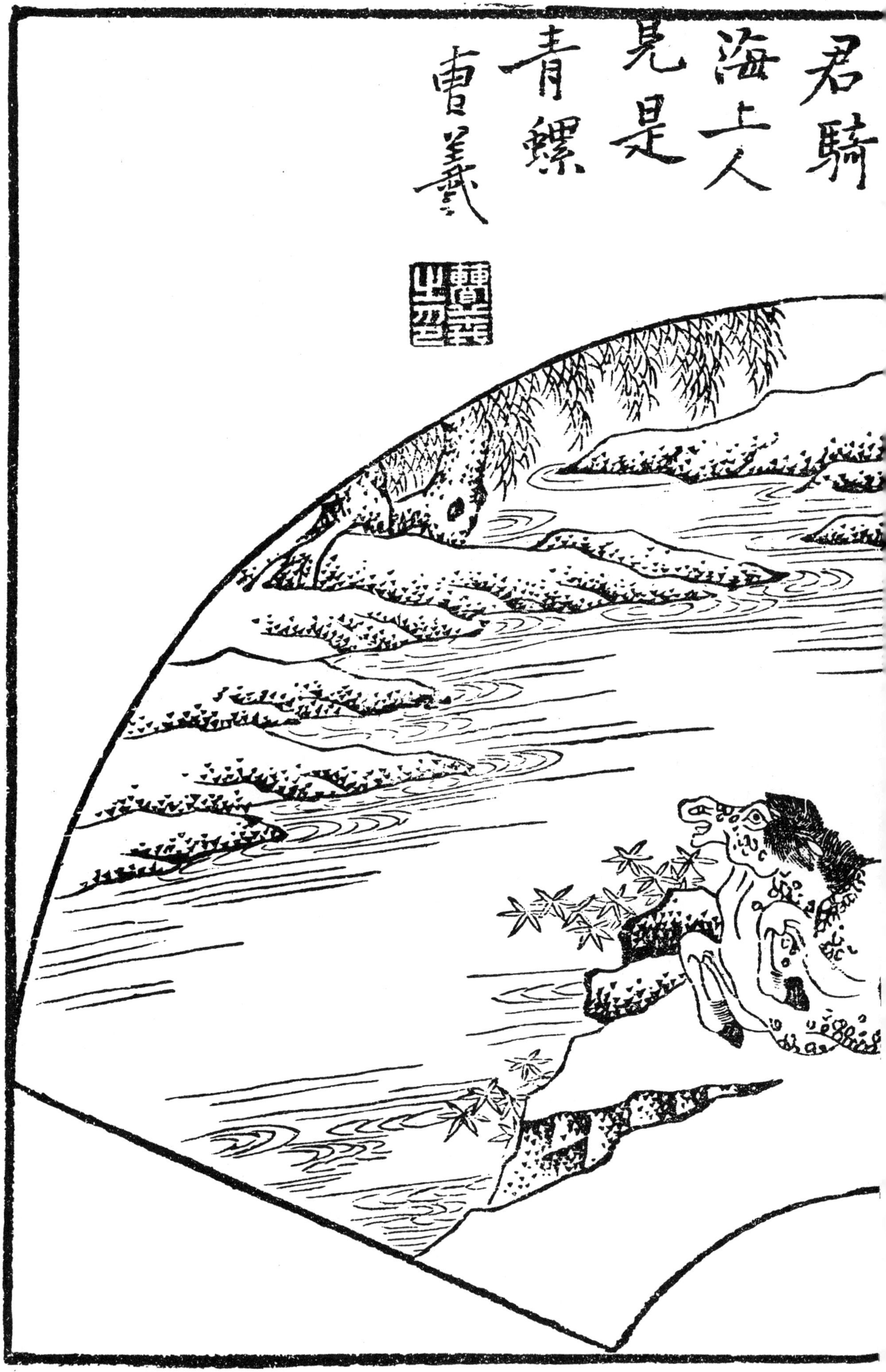
君騎
海上人
見是
青螺
曹羲

山一帶水
一派
流水白

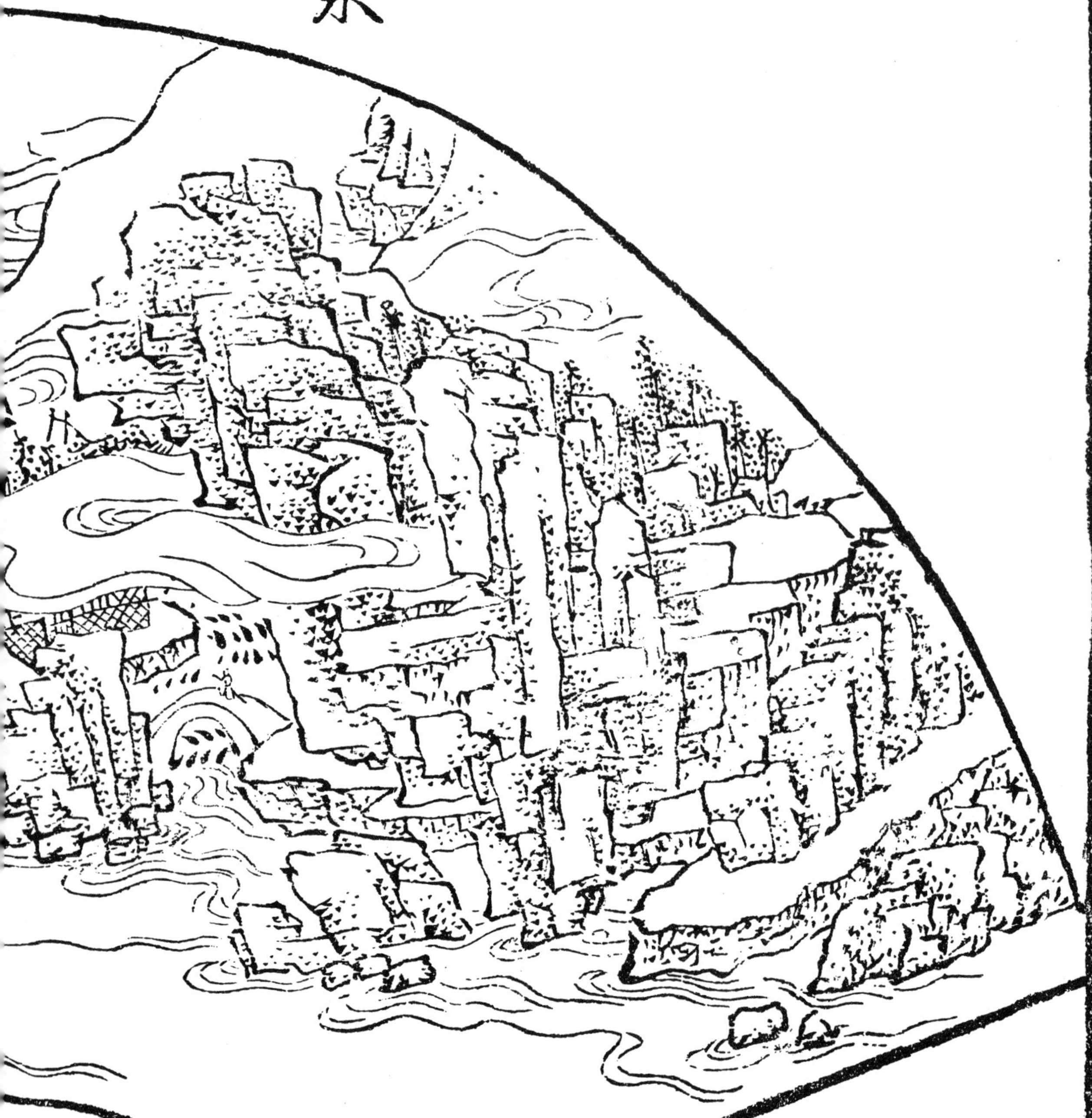

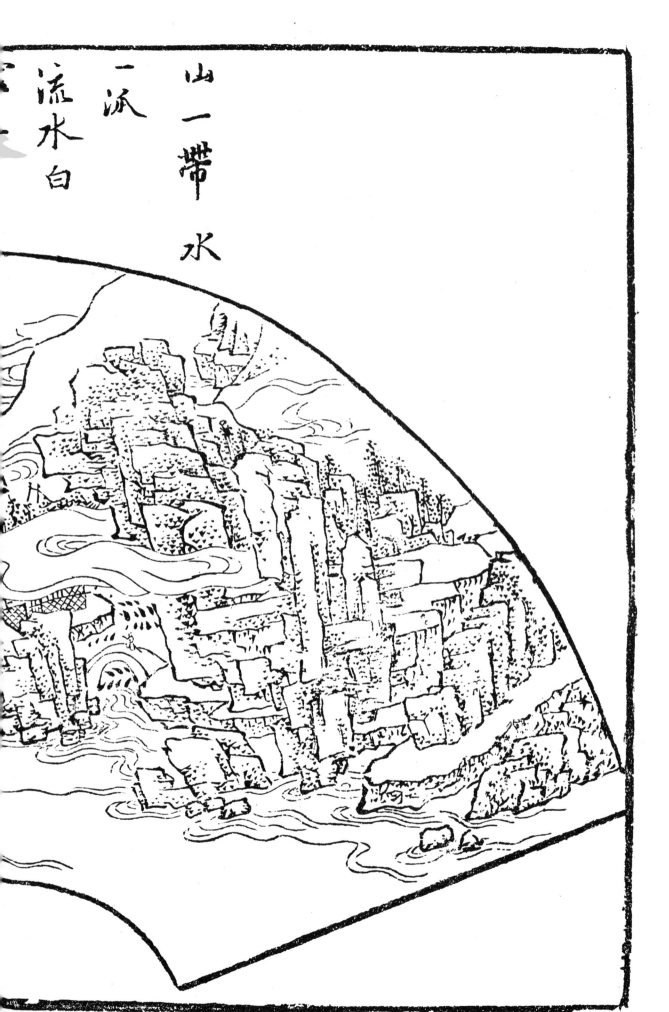

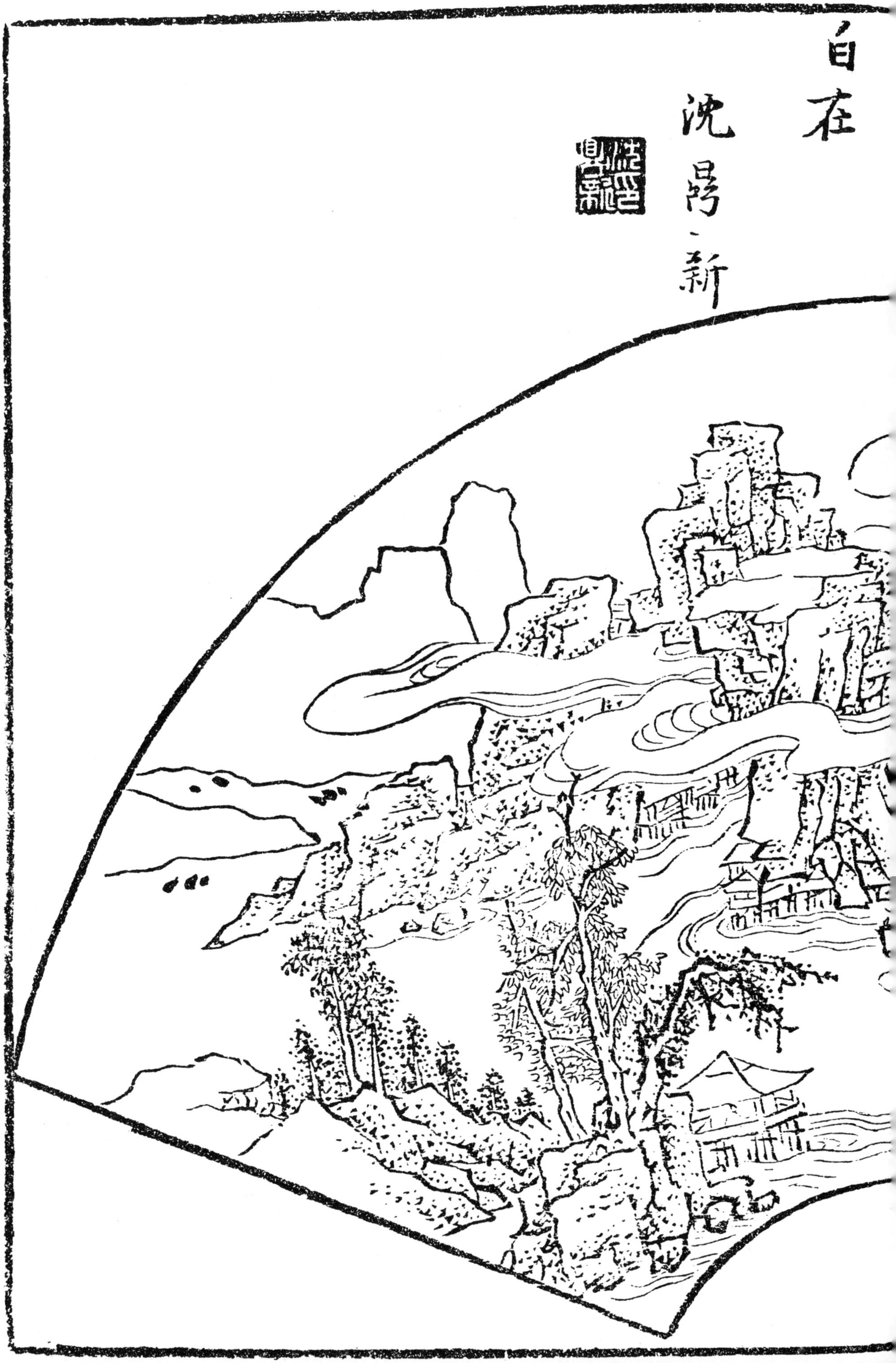
白在
沈昂、新

鷄冠借喻
胡輕
許馬乳先
自不
同直索

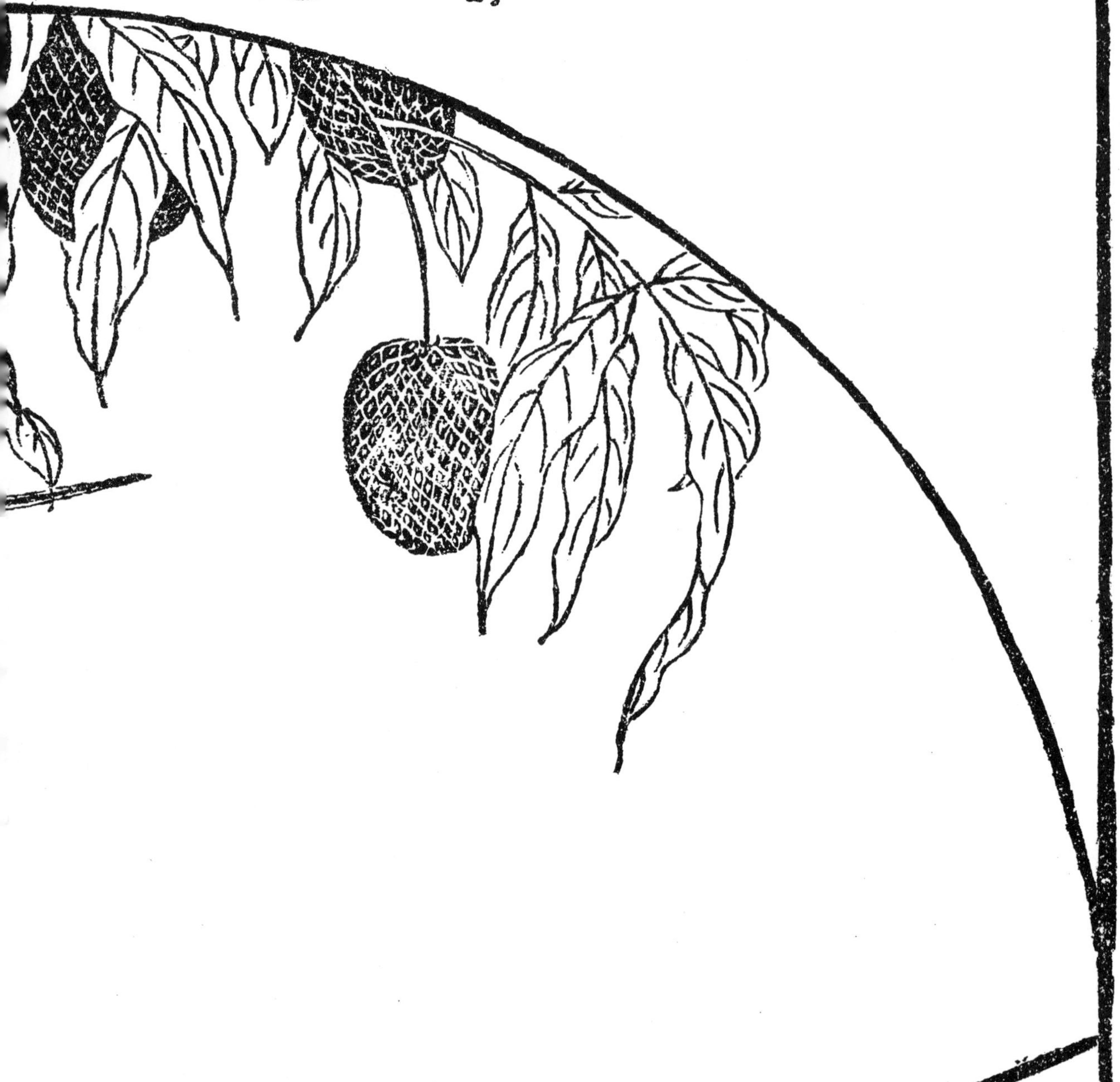

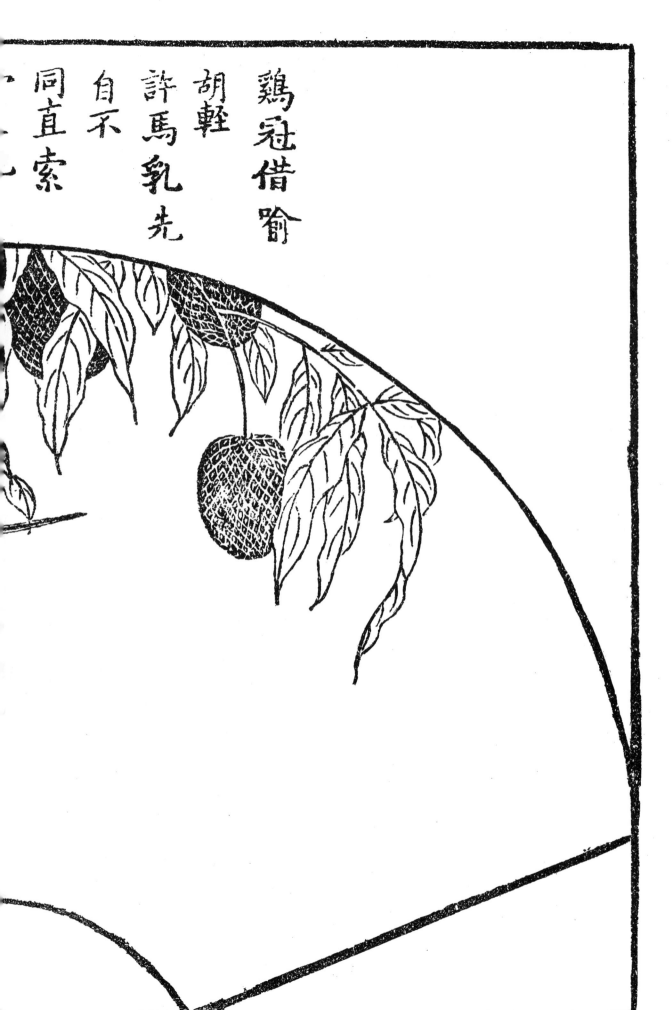

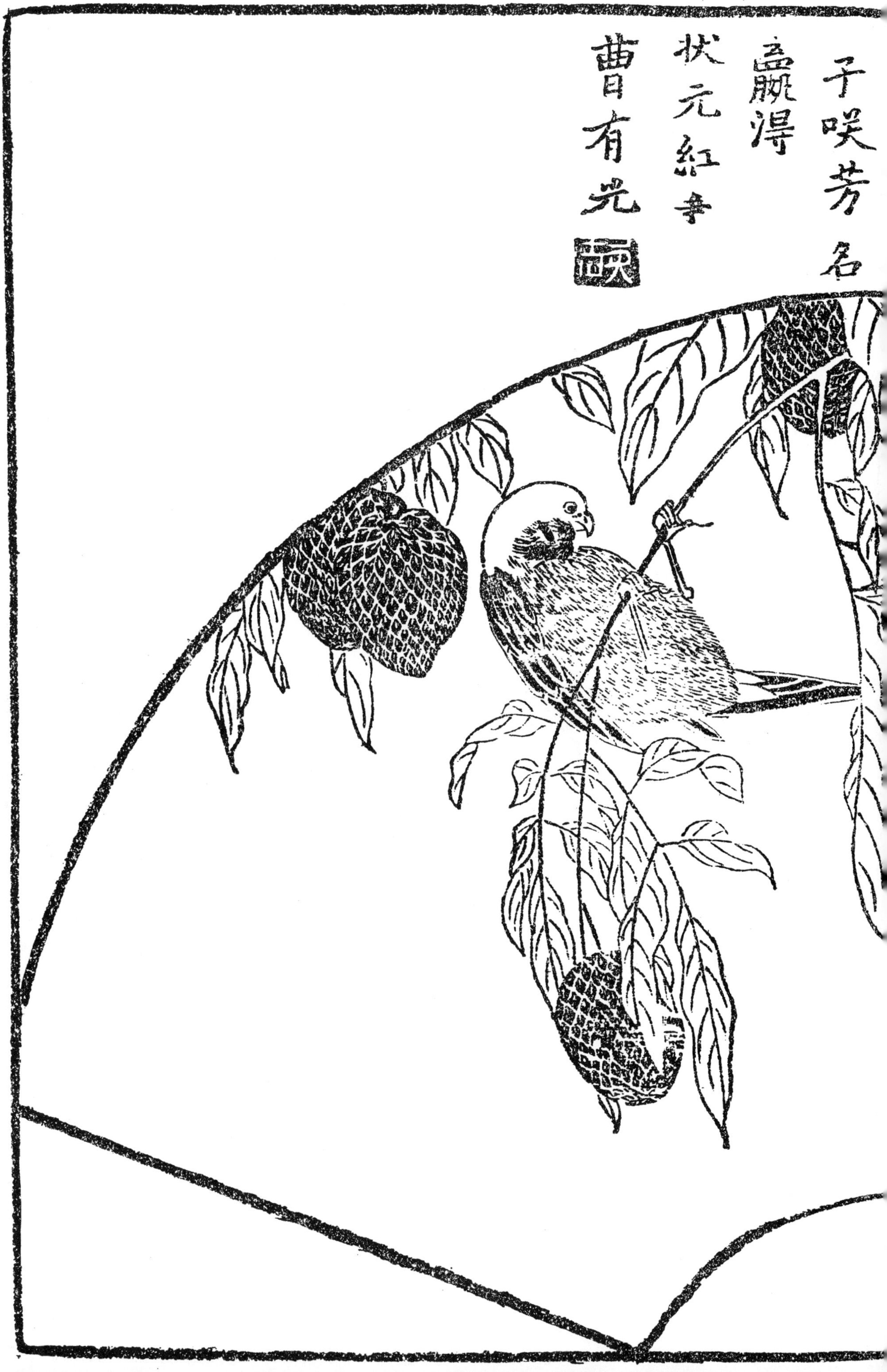
子咲芳名
贏得
狀元紅争
曹有光

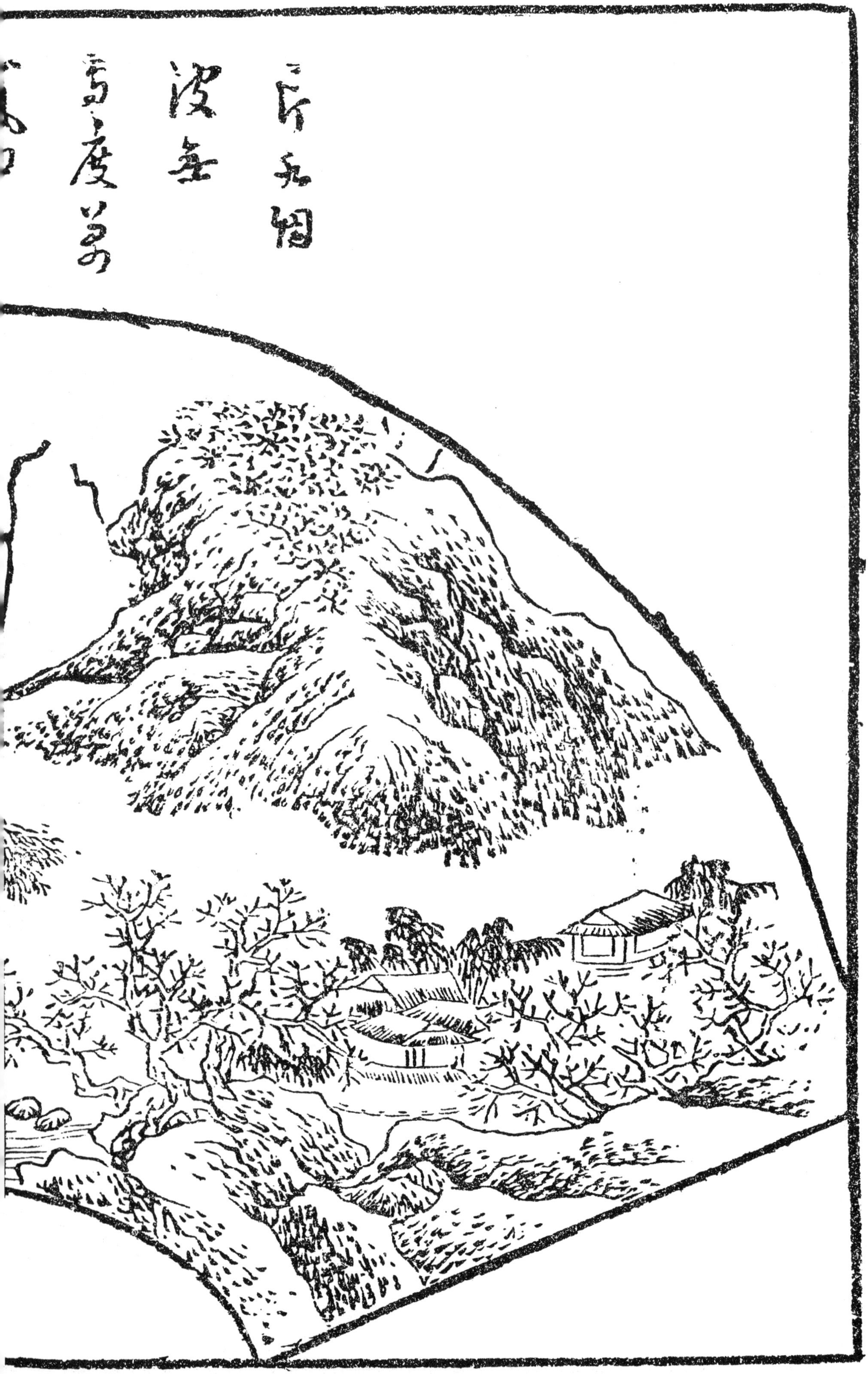

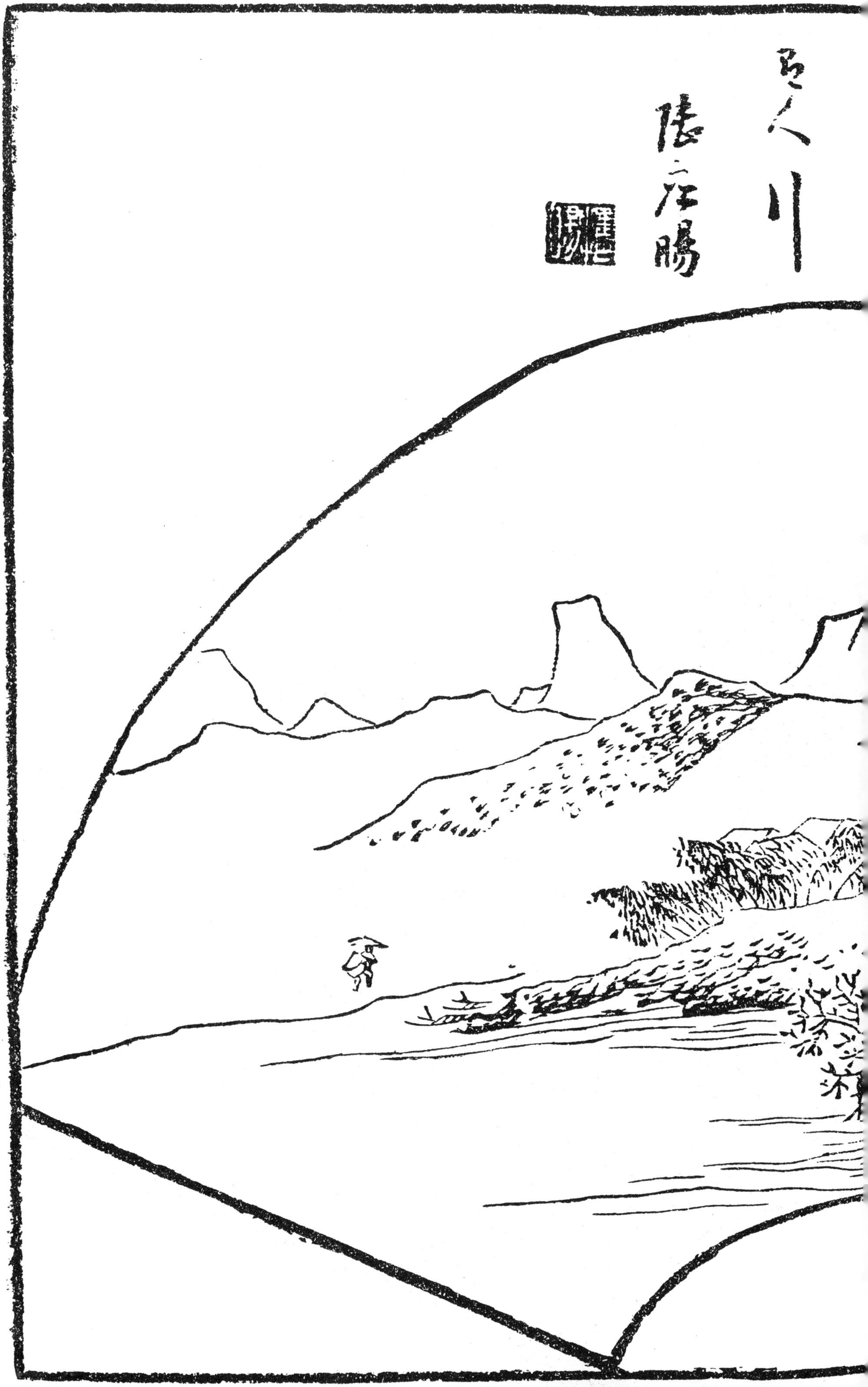

隱〻幽巖曲〻
泉
石林茅屋
兩三
椽平生不

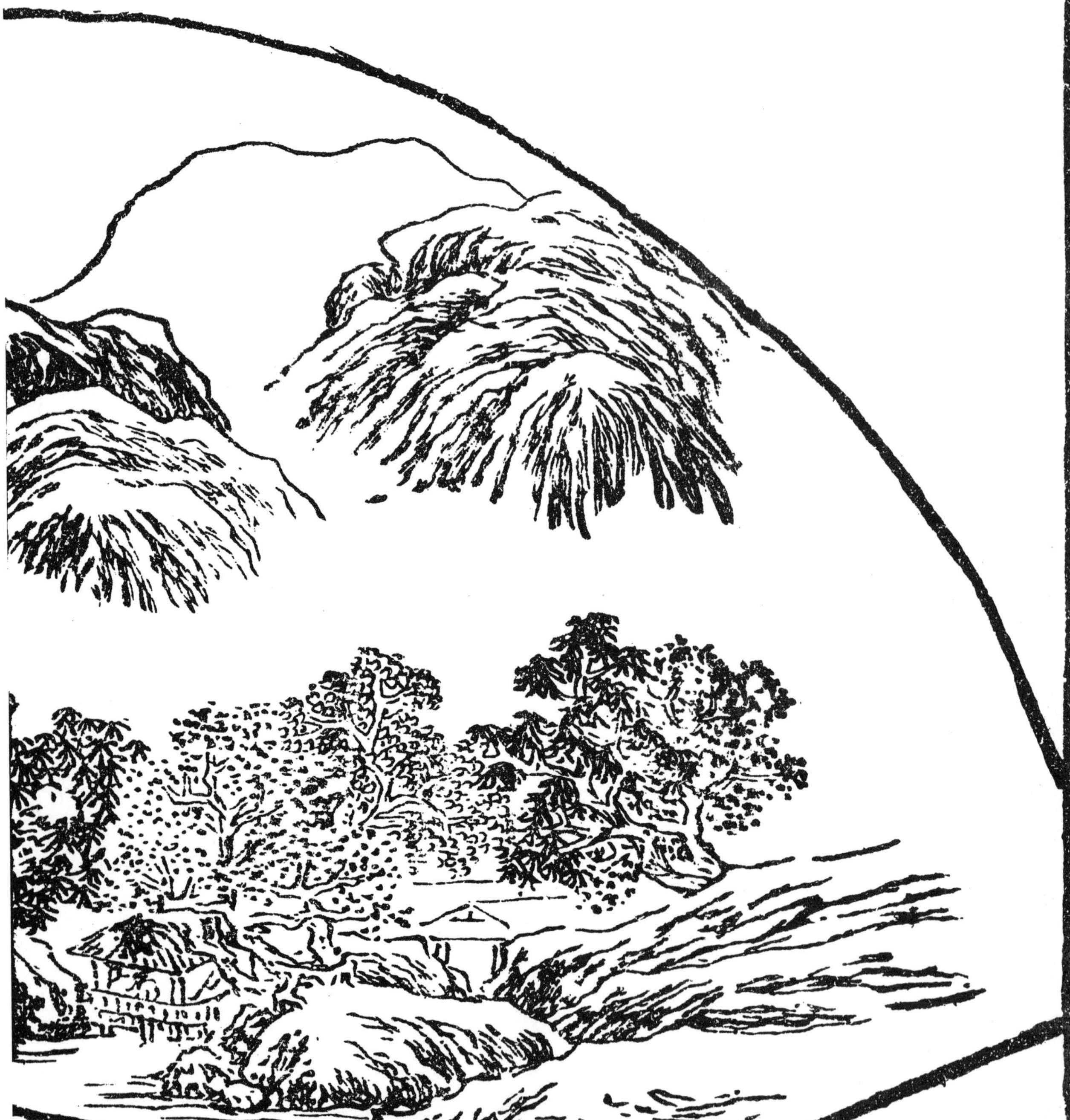

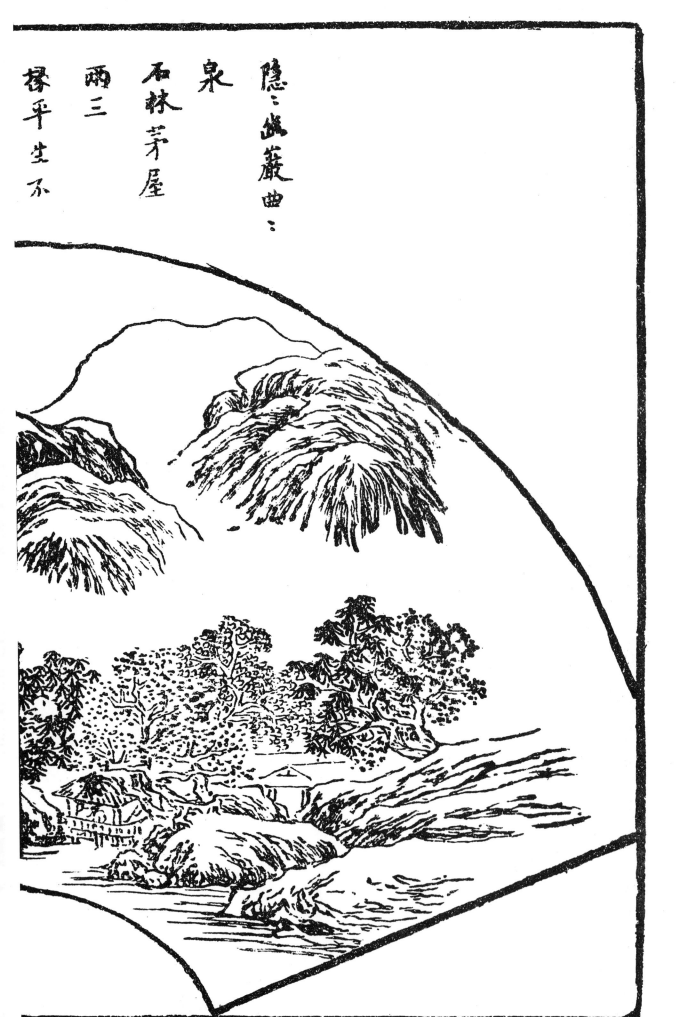

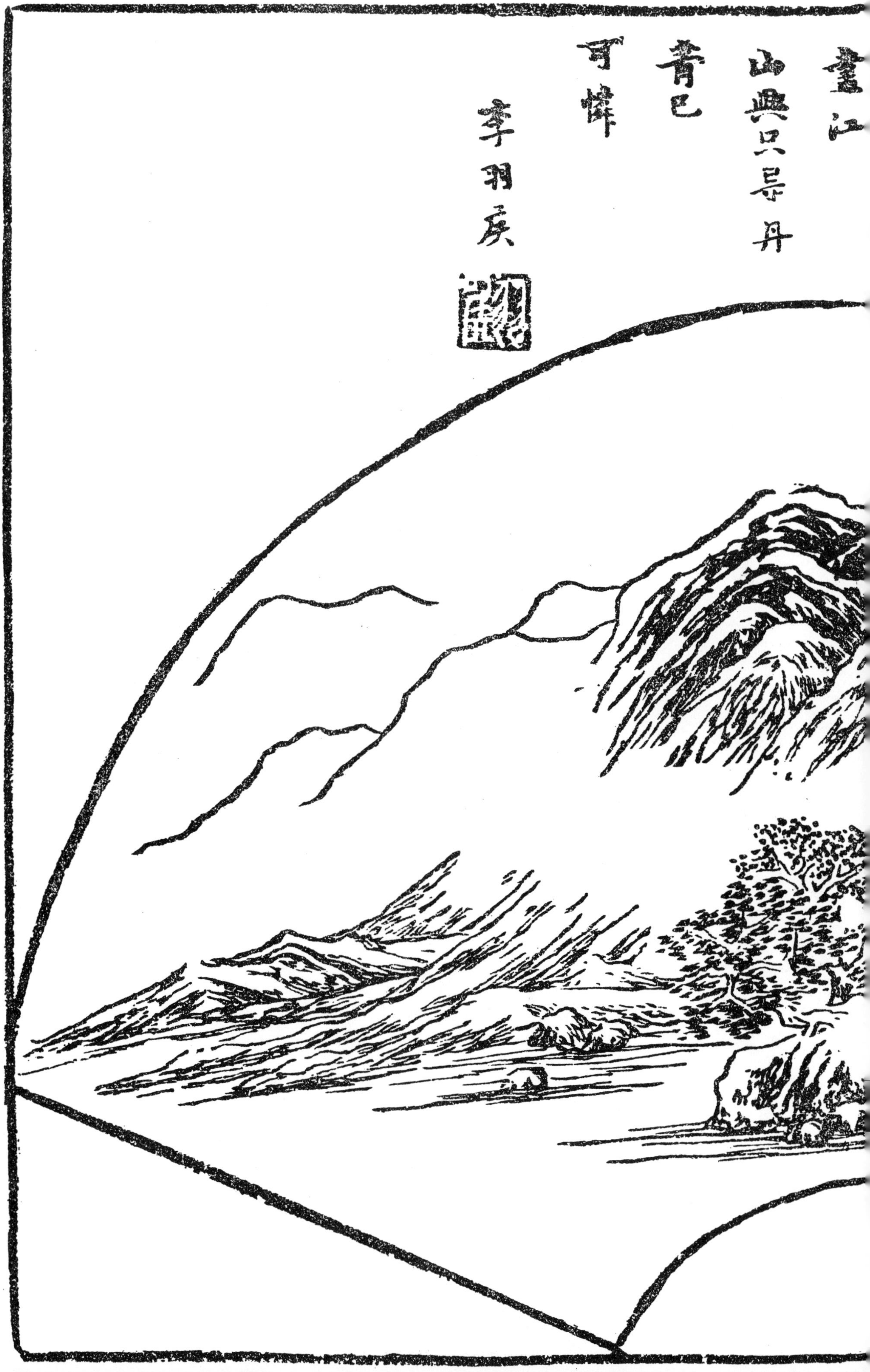
畫江
山興只尋丹
青巳
可憐
李羽庚

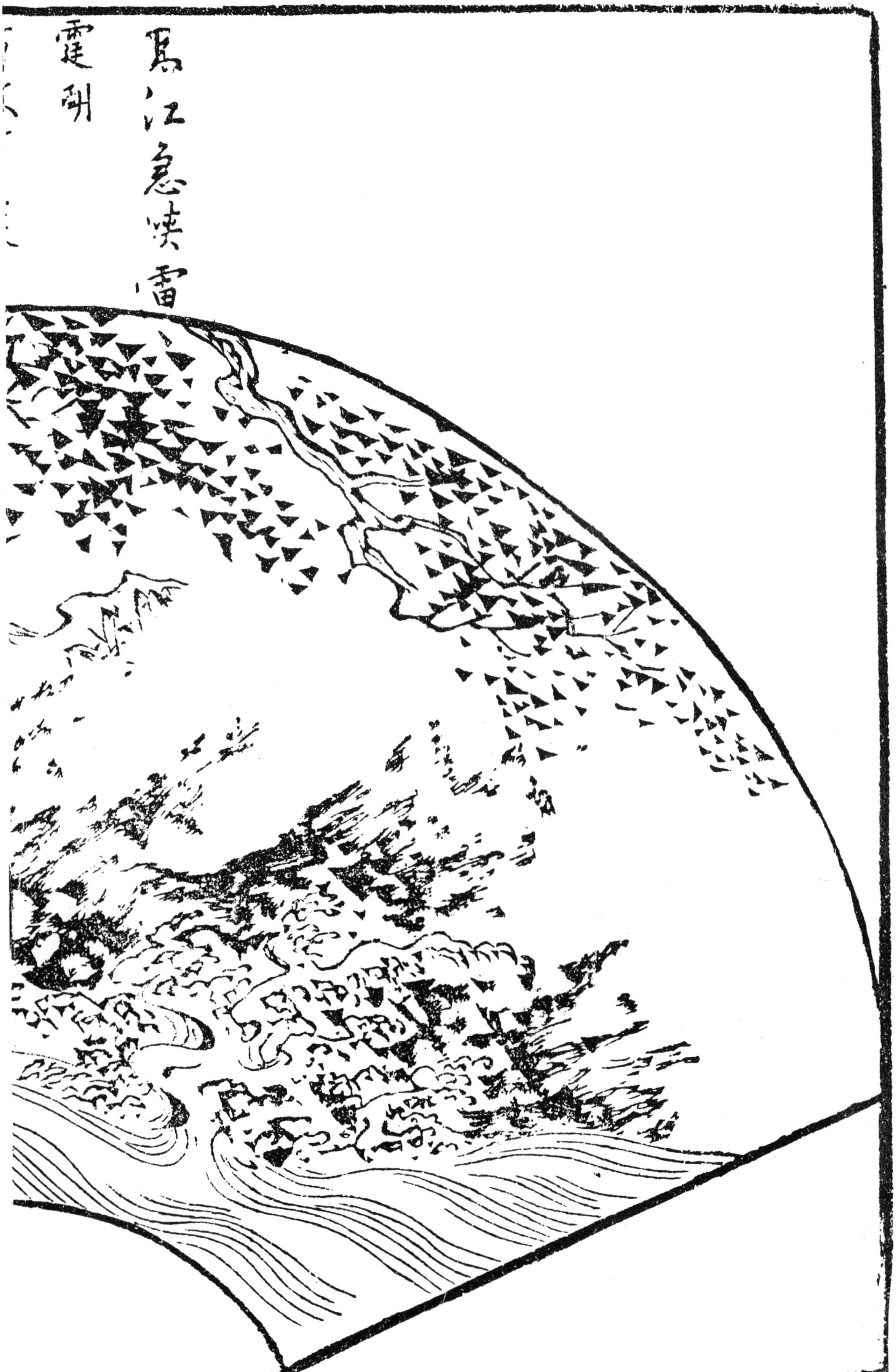
高江急峽雷
霆鬥

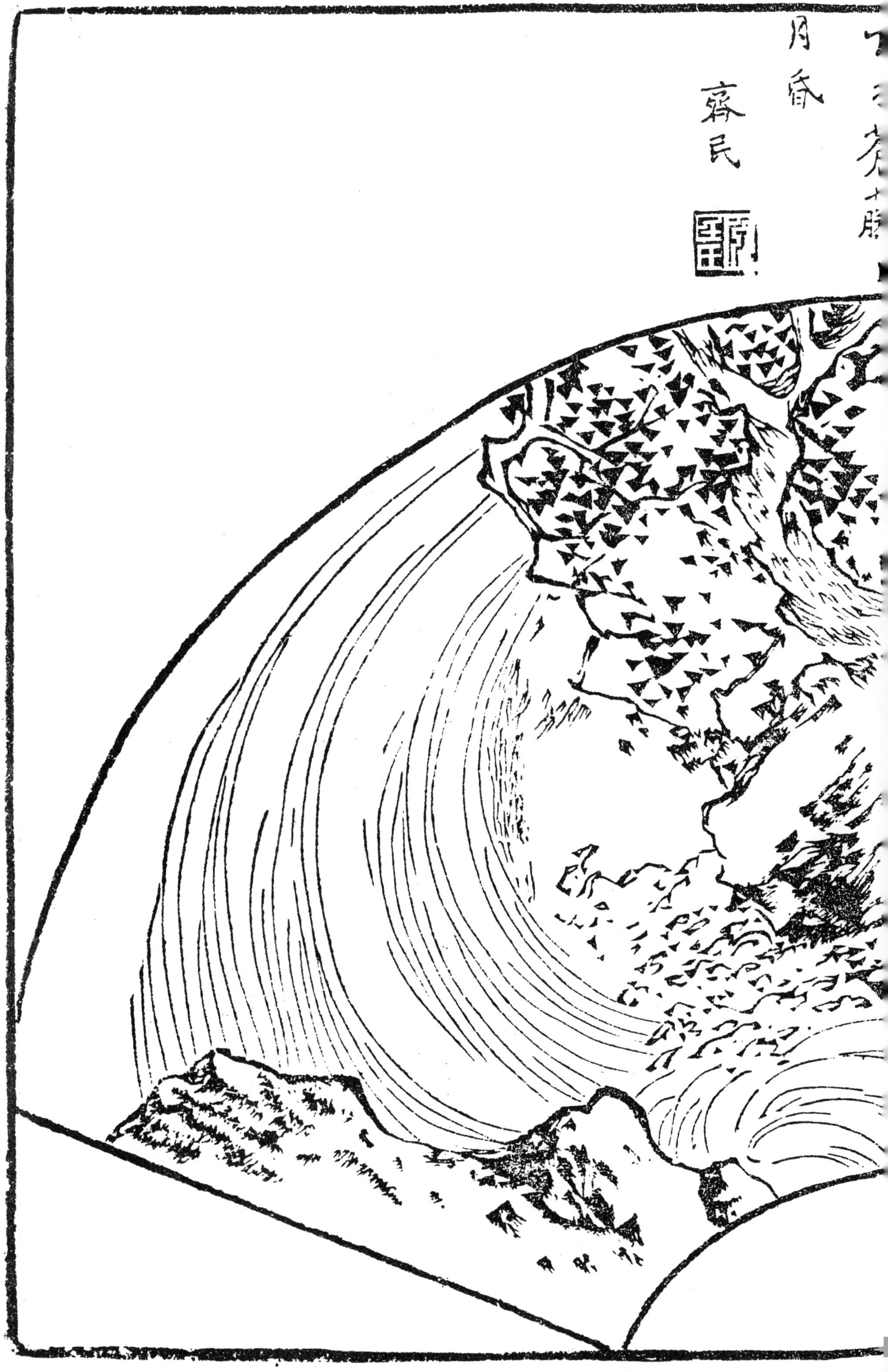
月昏
寐民

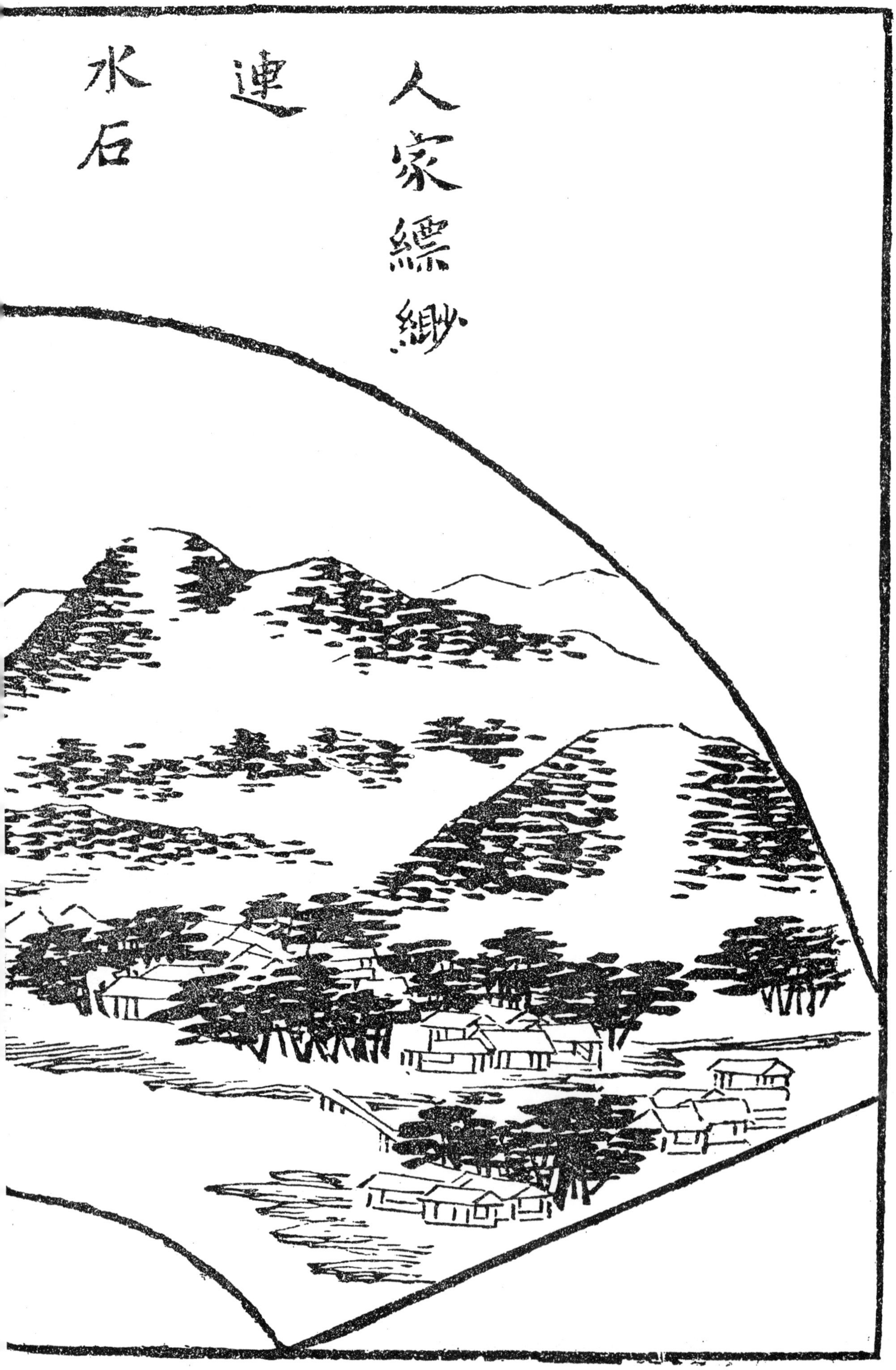
人家縹緲
連
水石

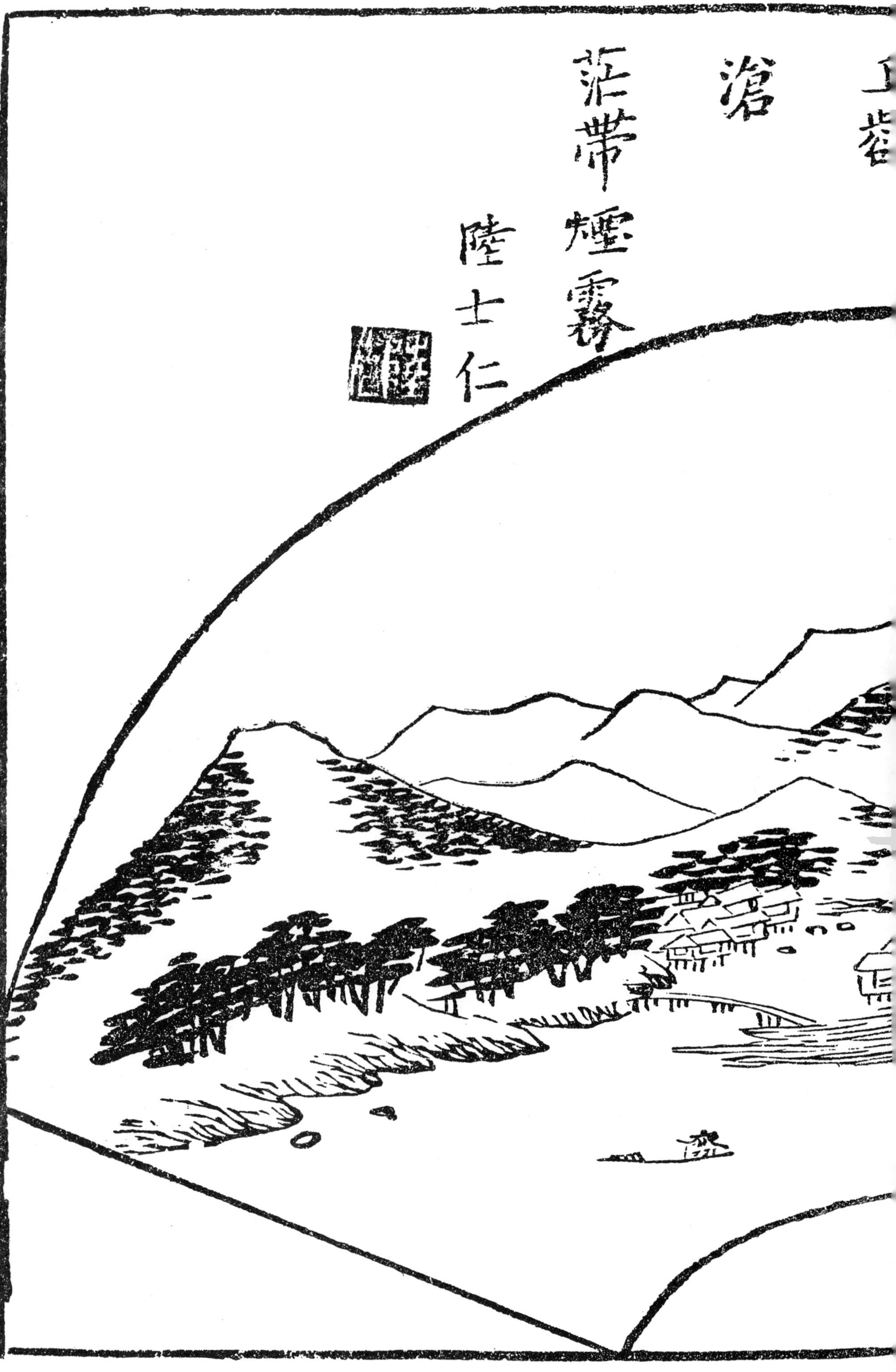
滄
茫帶煙霧
陸士仁

停車坐愛
楓林

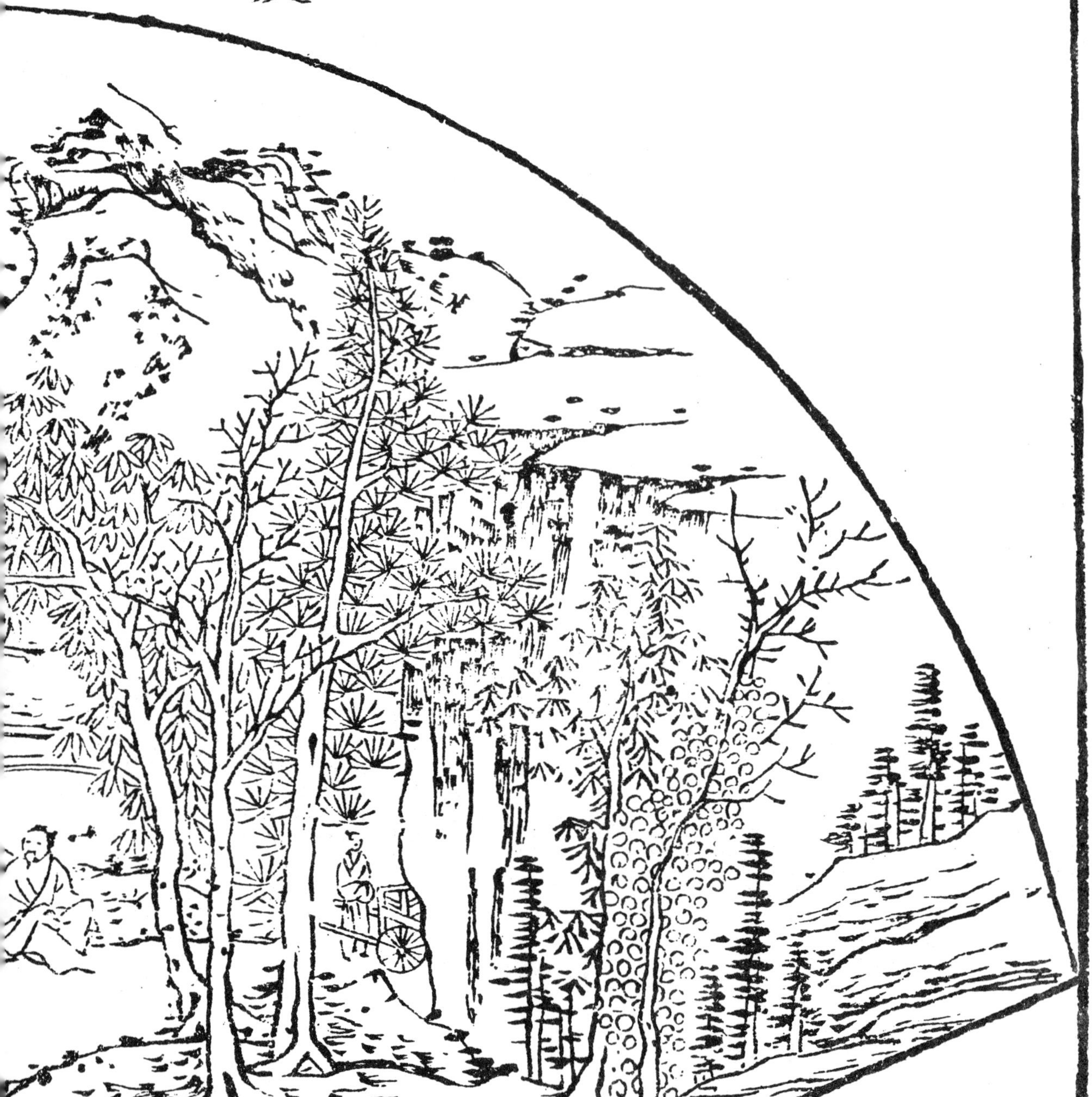

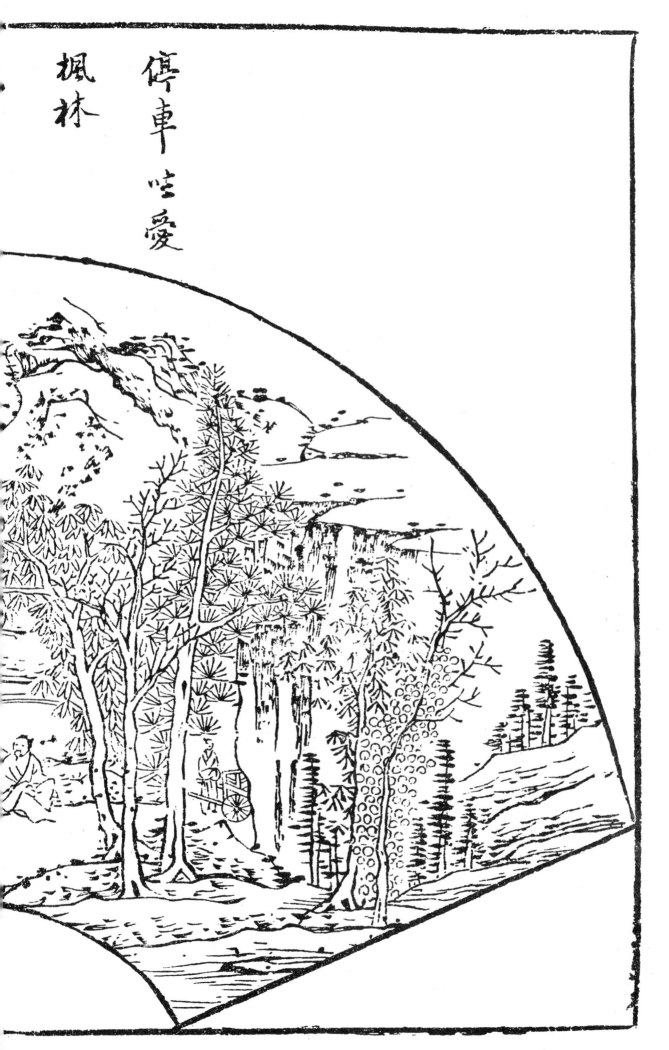

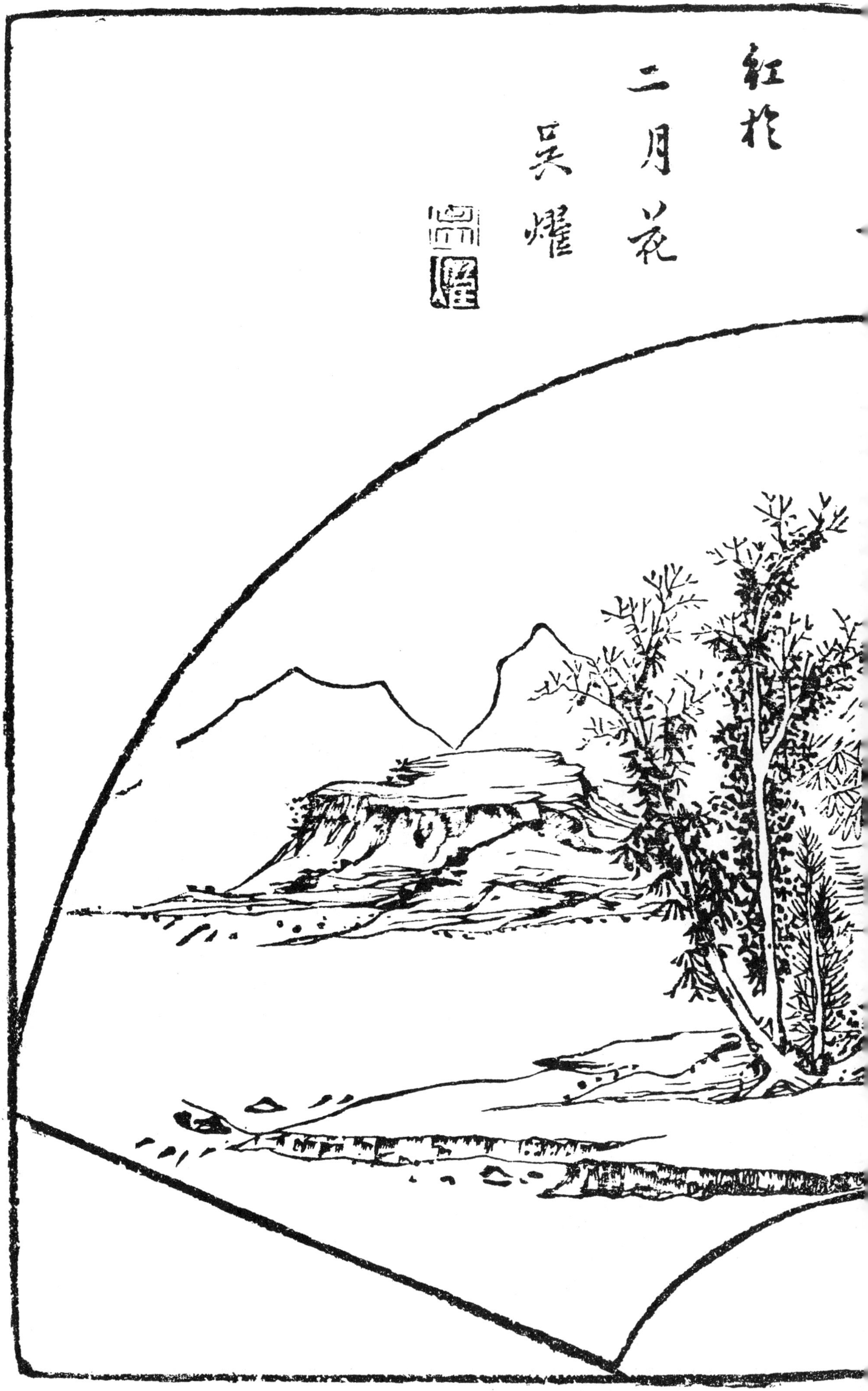
紅於二月花
吳燿

忘機自覺同
魚
雁不

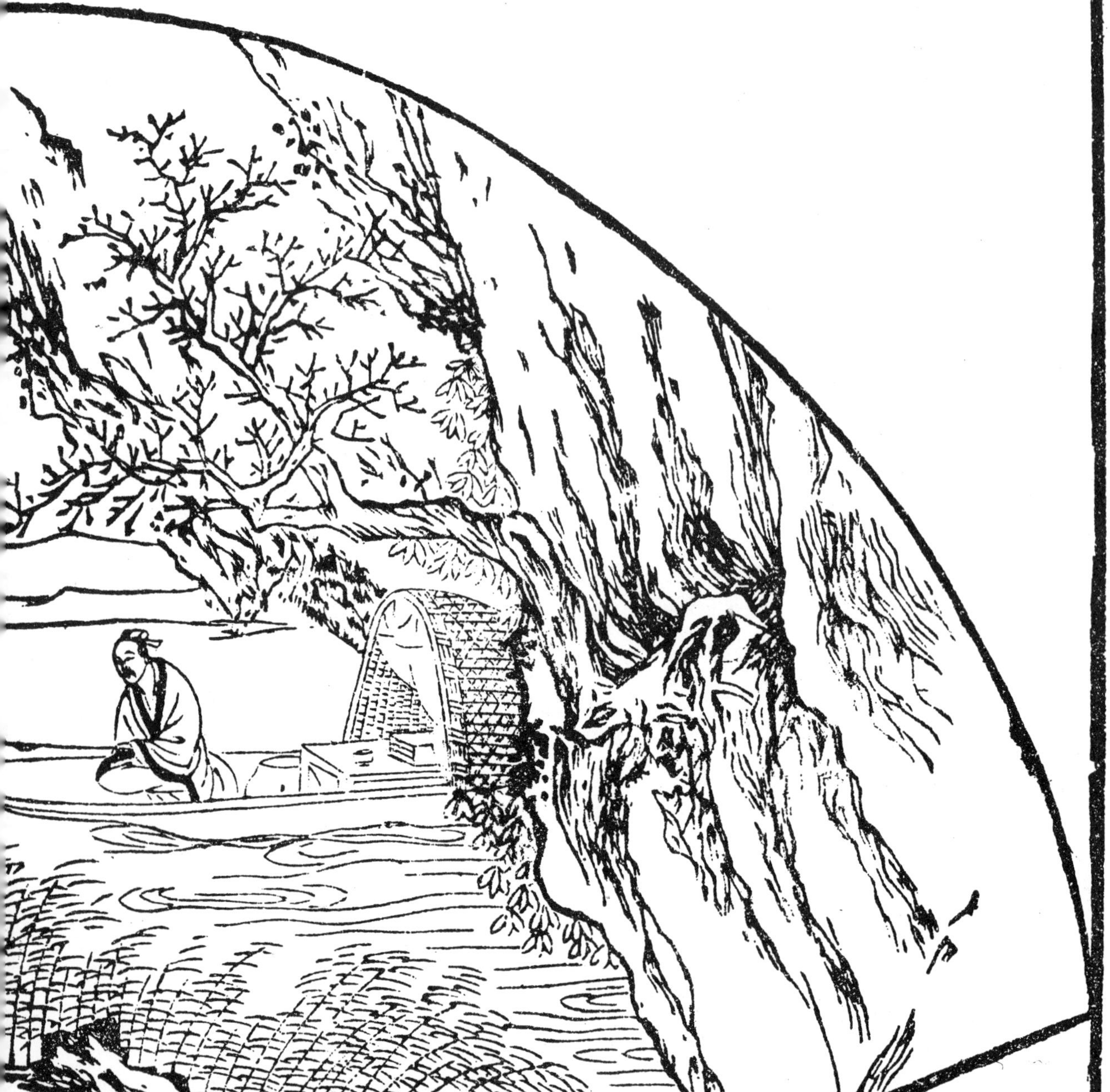

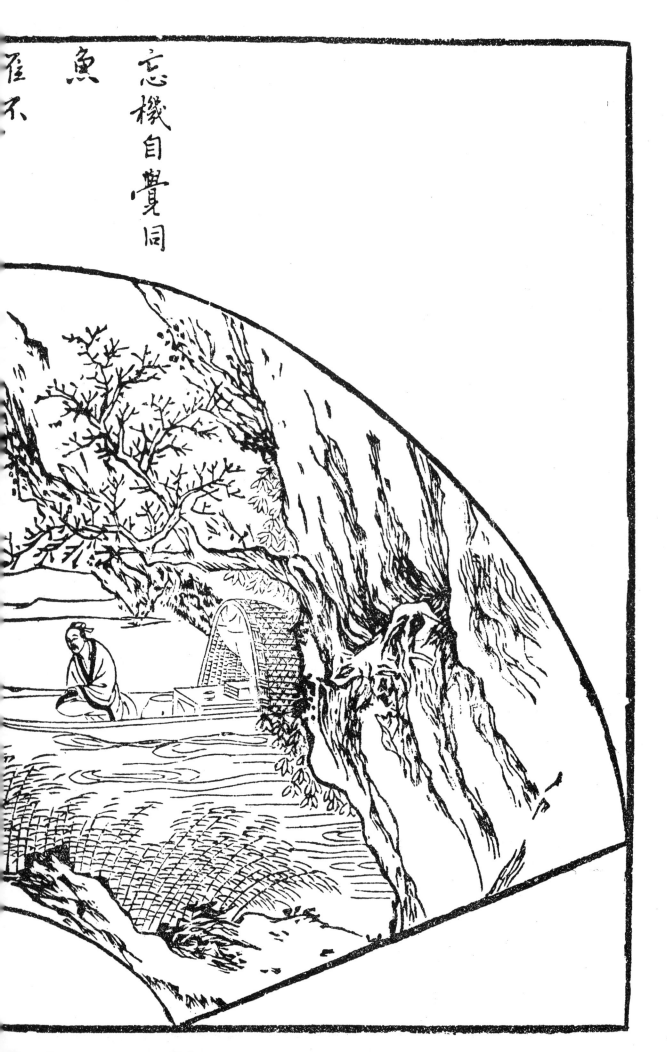

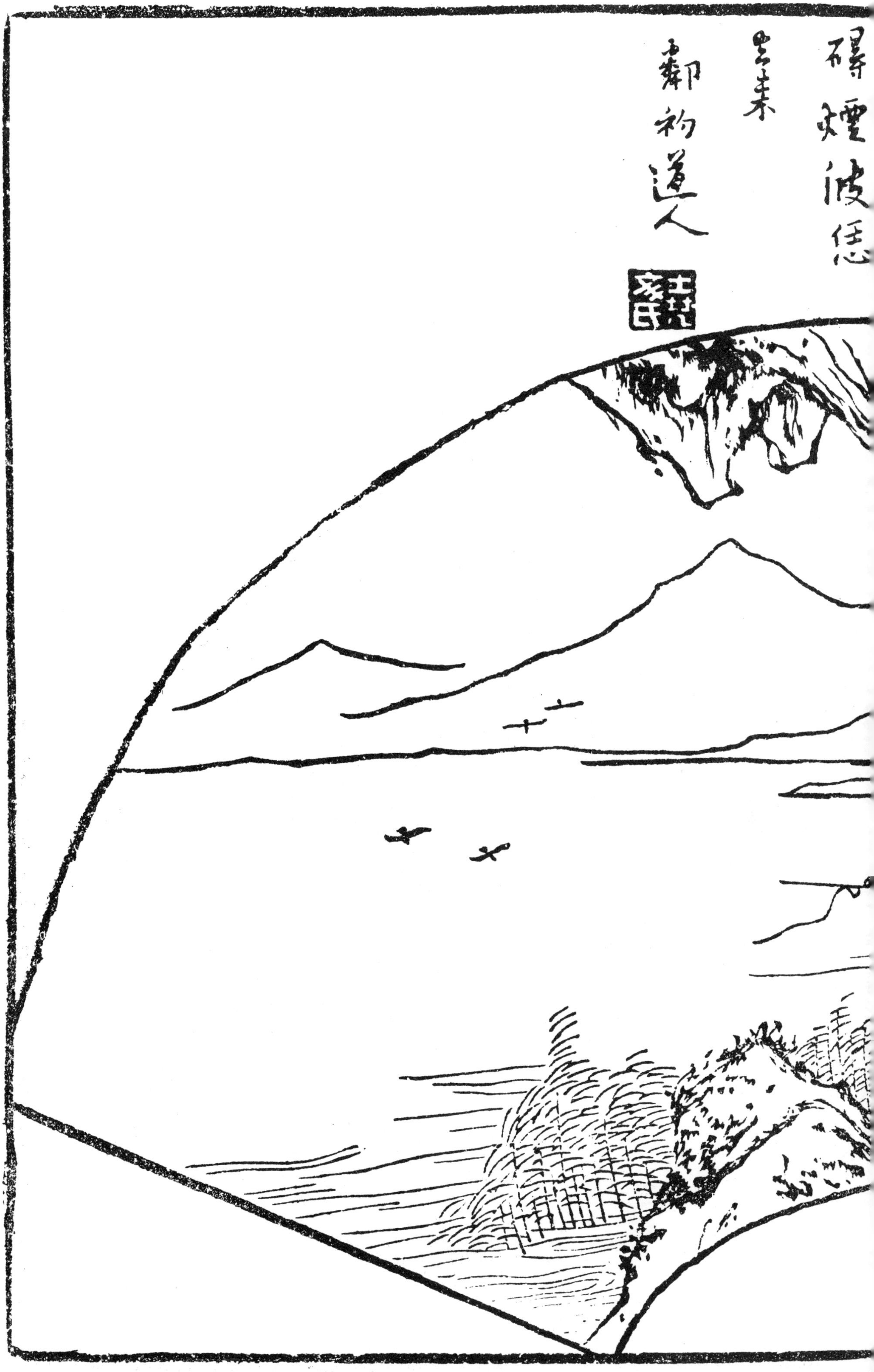
碍煙波任恁
墨來
鄰初道人

停望与古木
倚石共三清

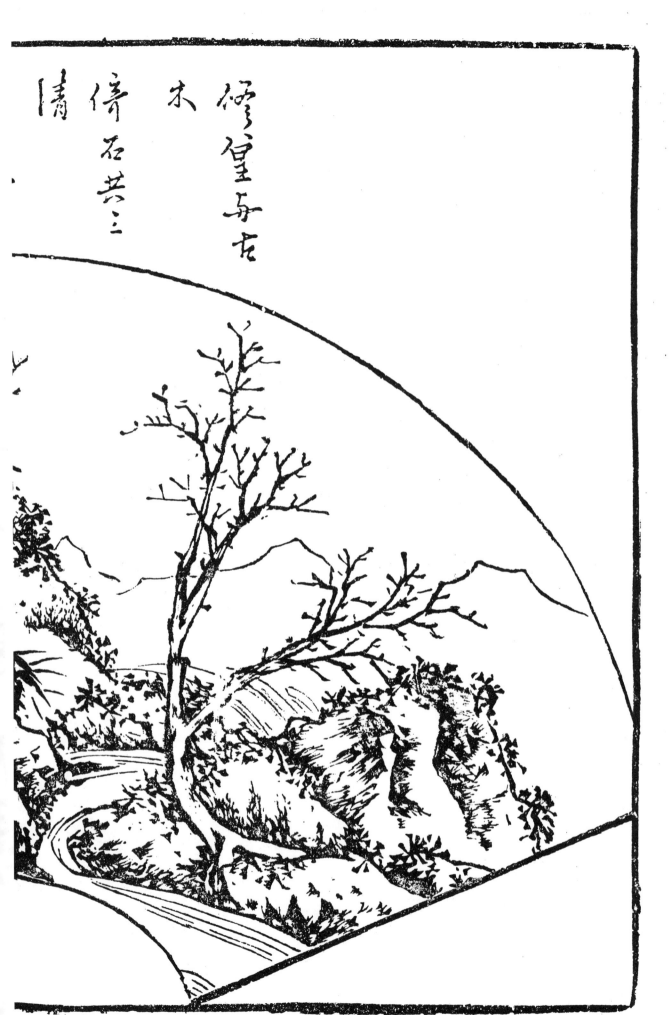

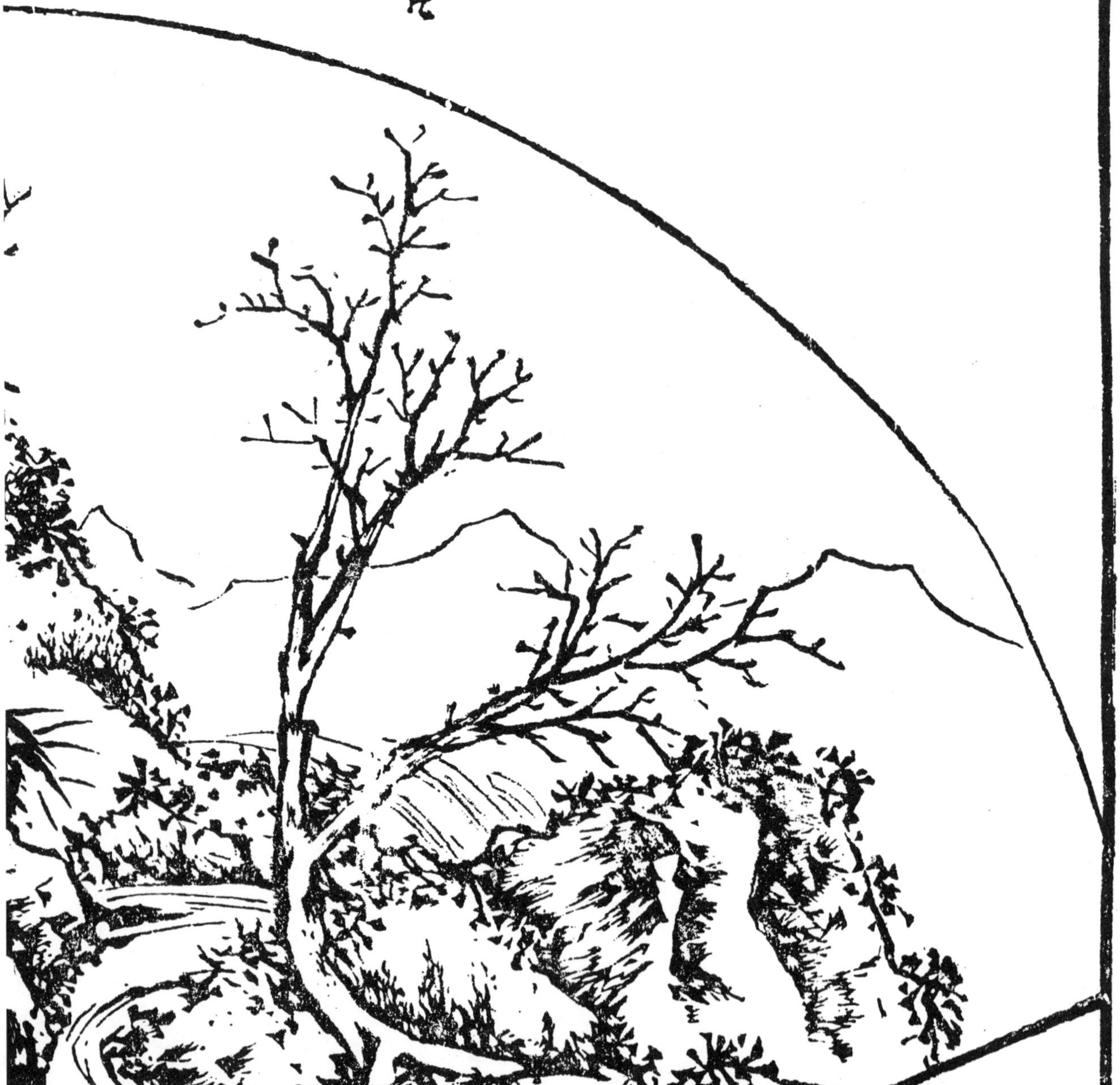

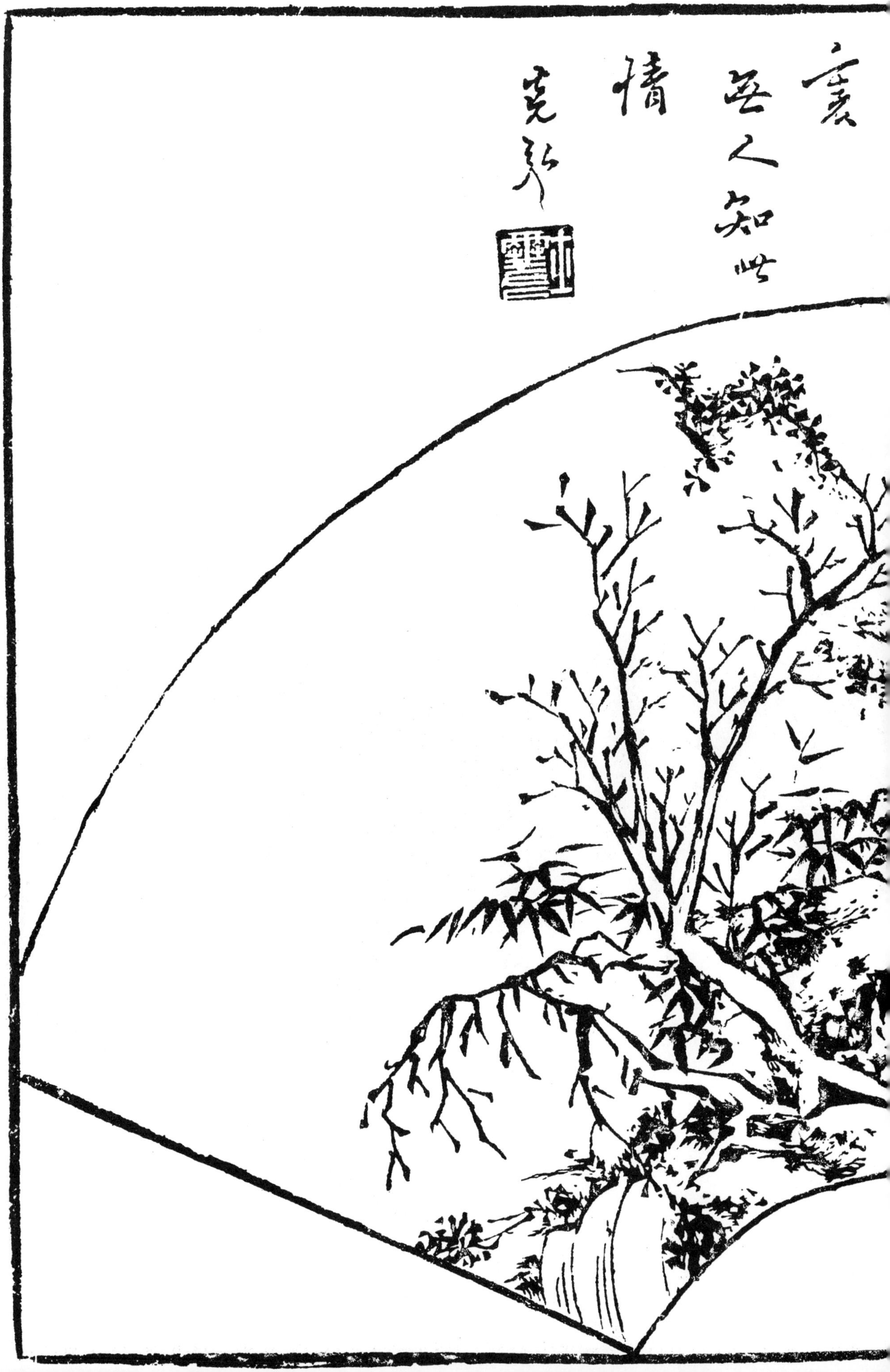
裏
無人知此
情

四簷新長碧
琅
玕蔽日藏
煙白

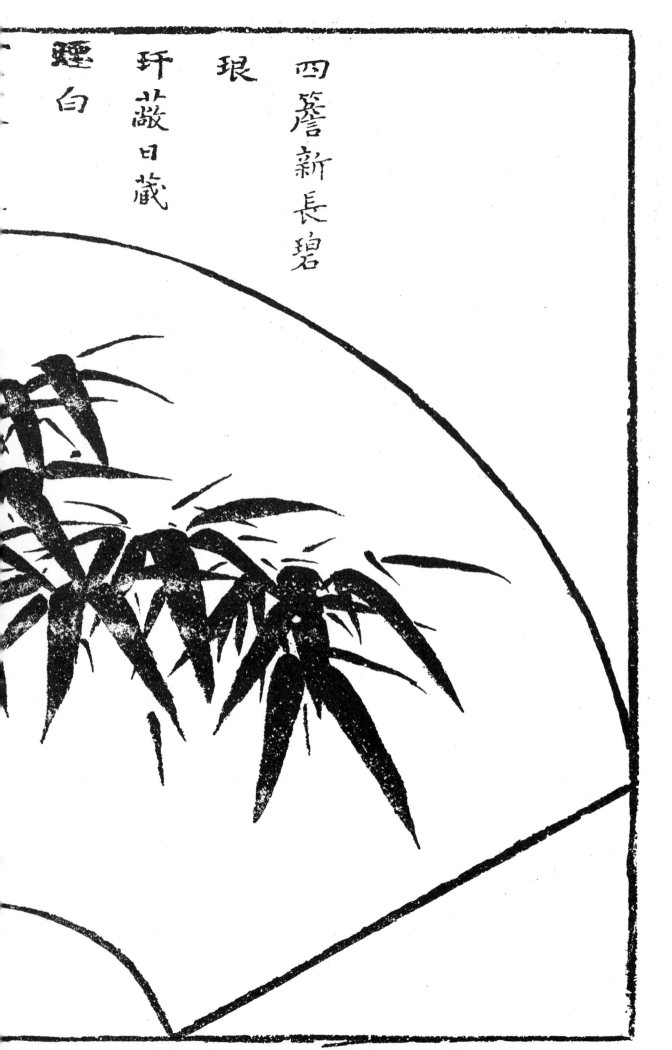

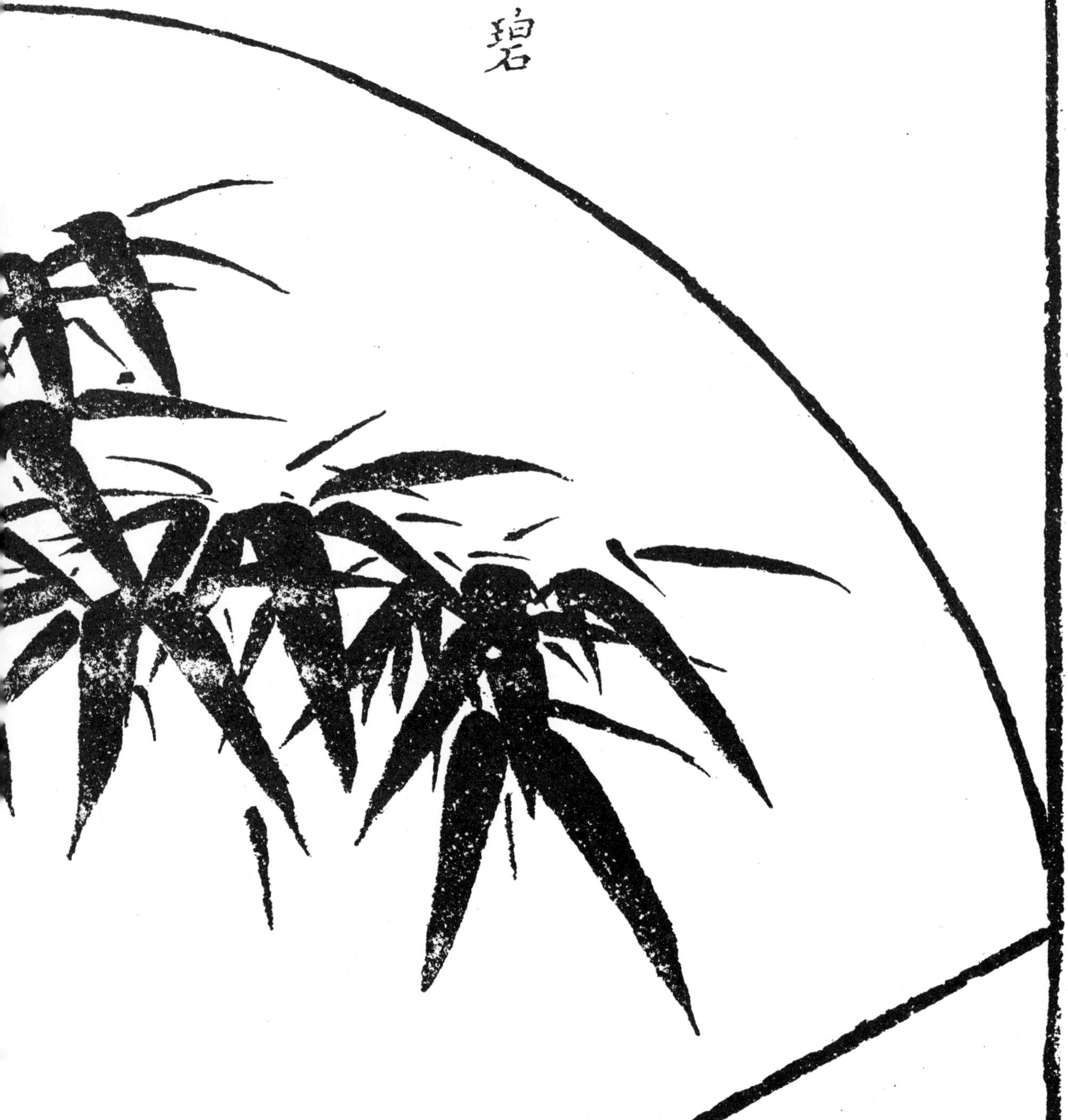

主人
能愛惜
詩成不
忍向渠刊
夏仲昭

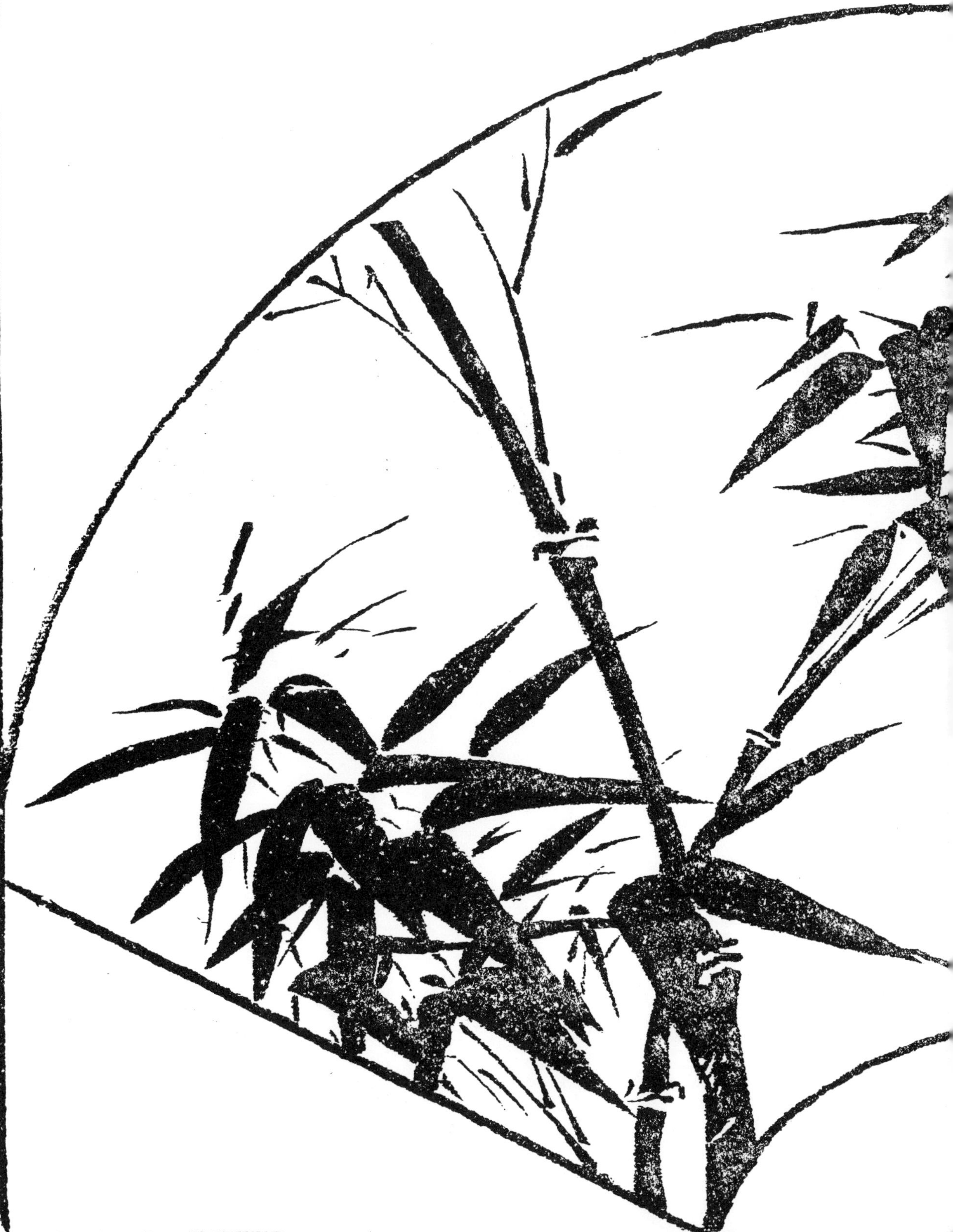

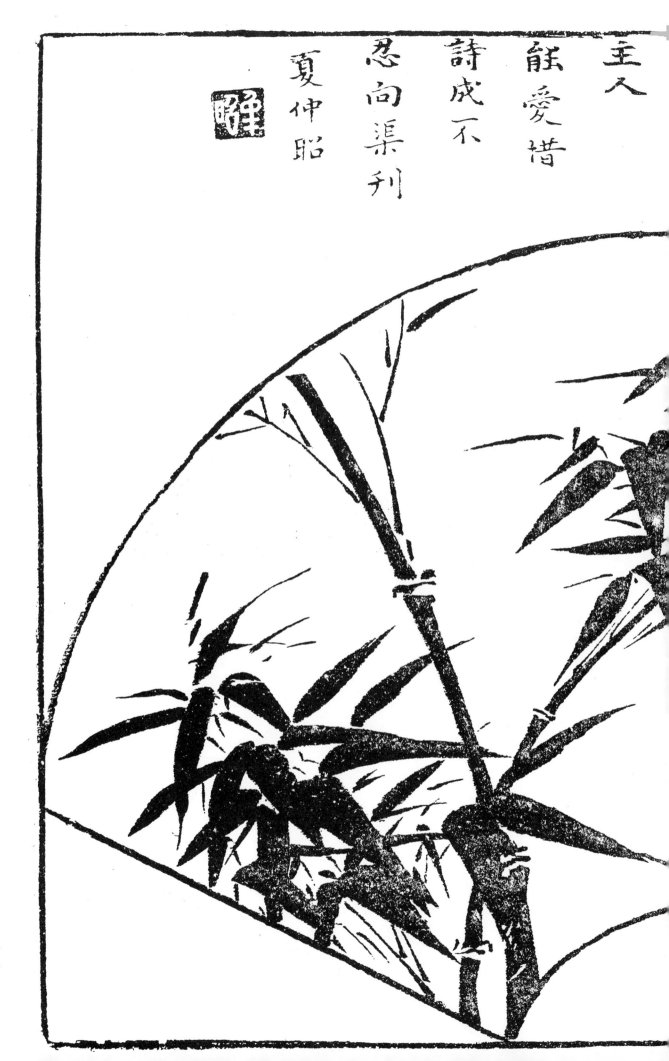

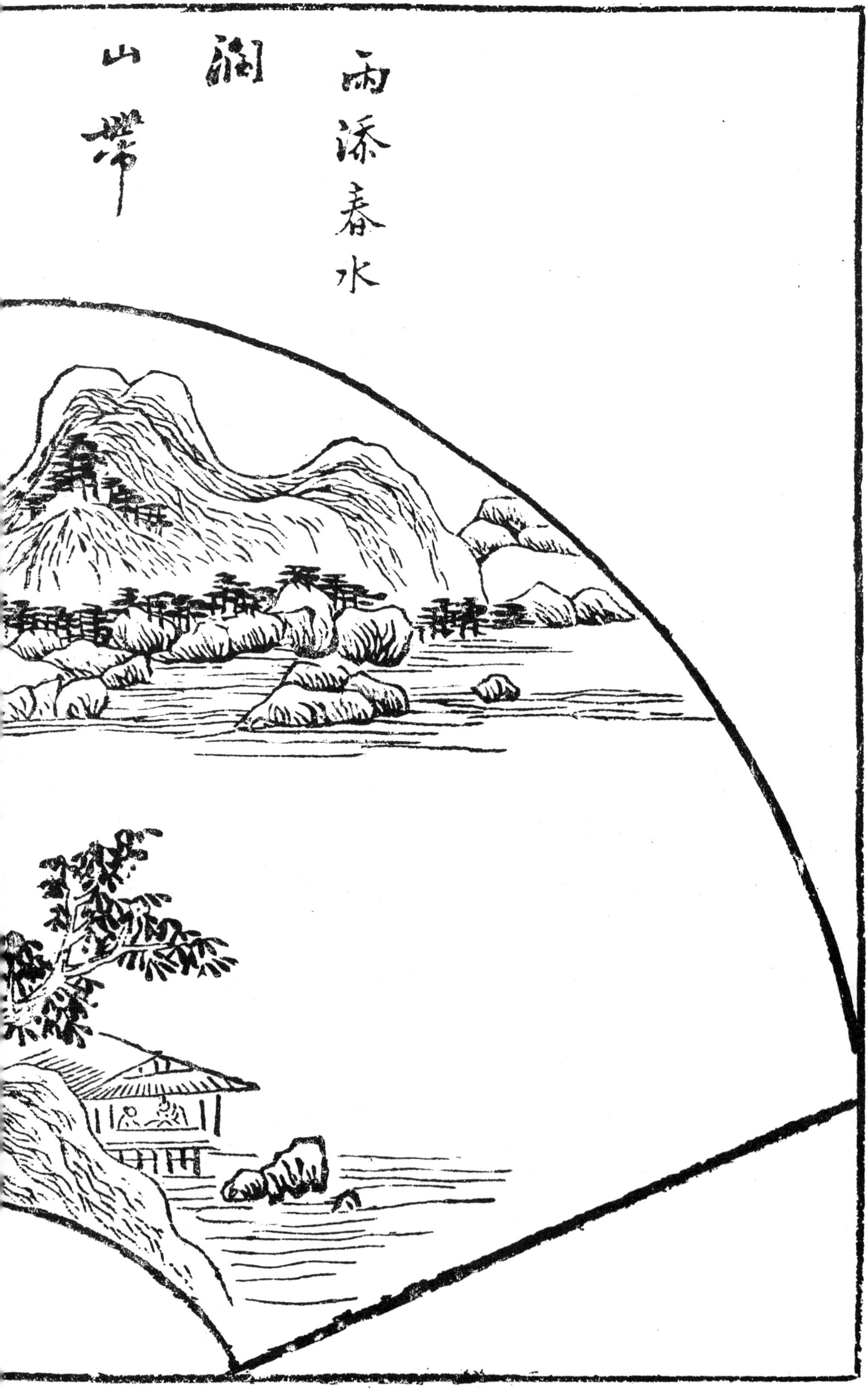
雨添春水
澗
山帶

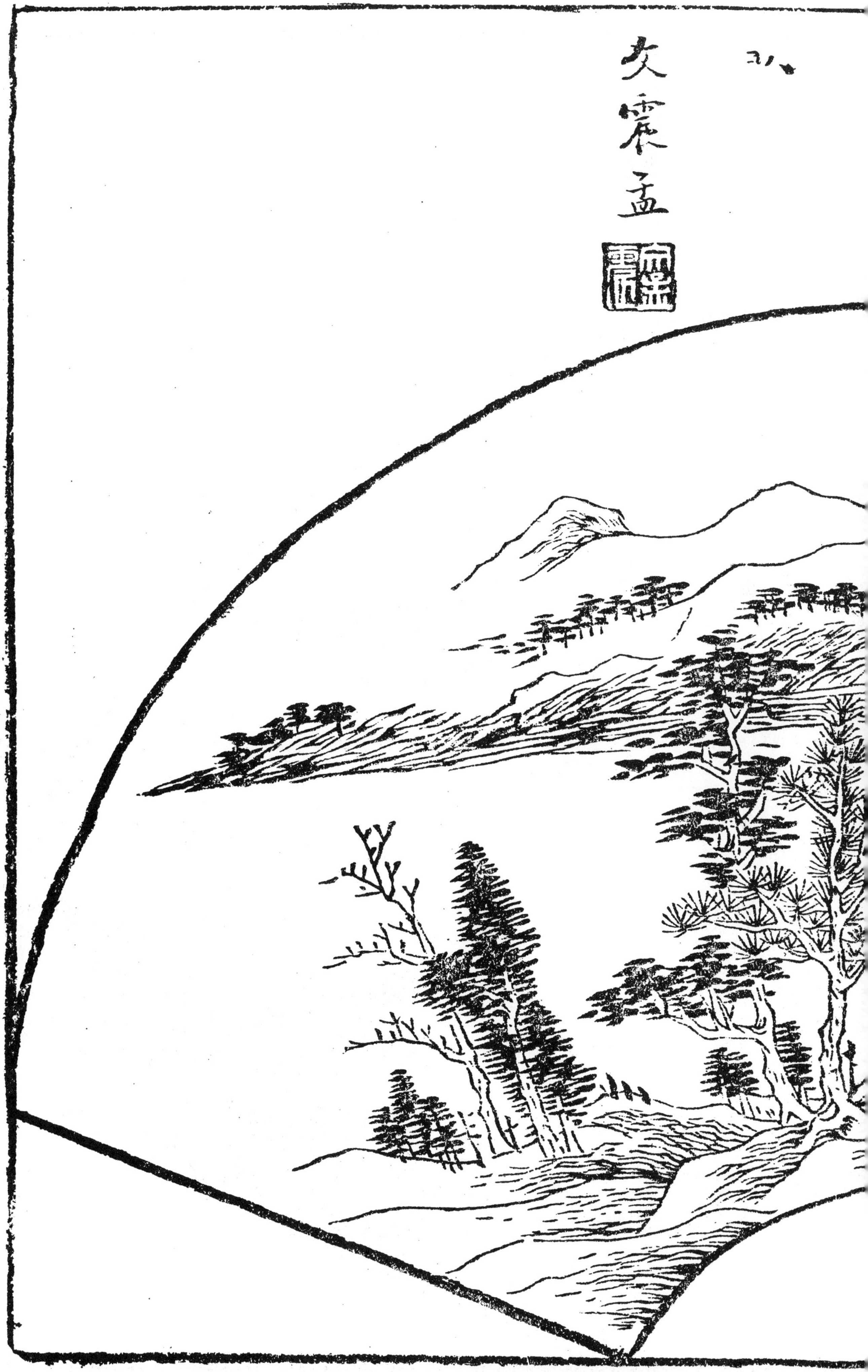
文震孟

野樹桔槔懸
孤亭夕照遥

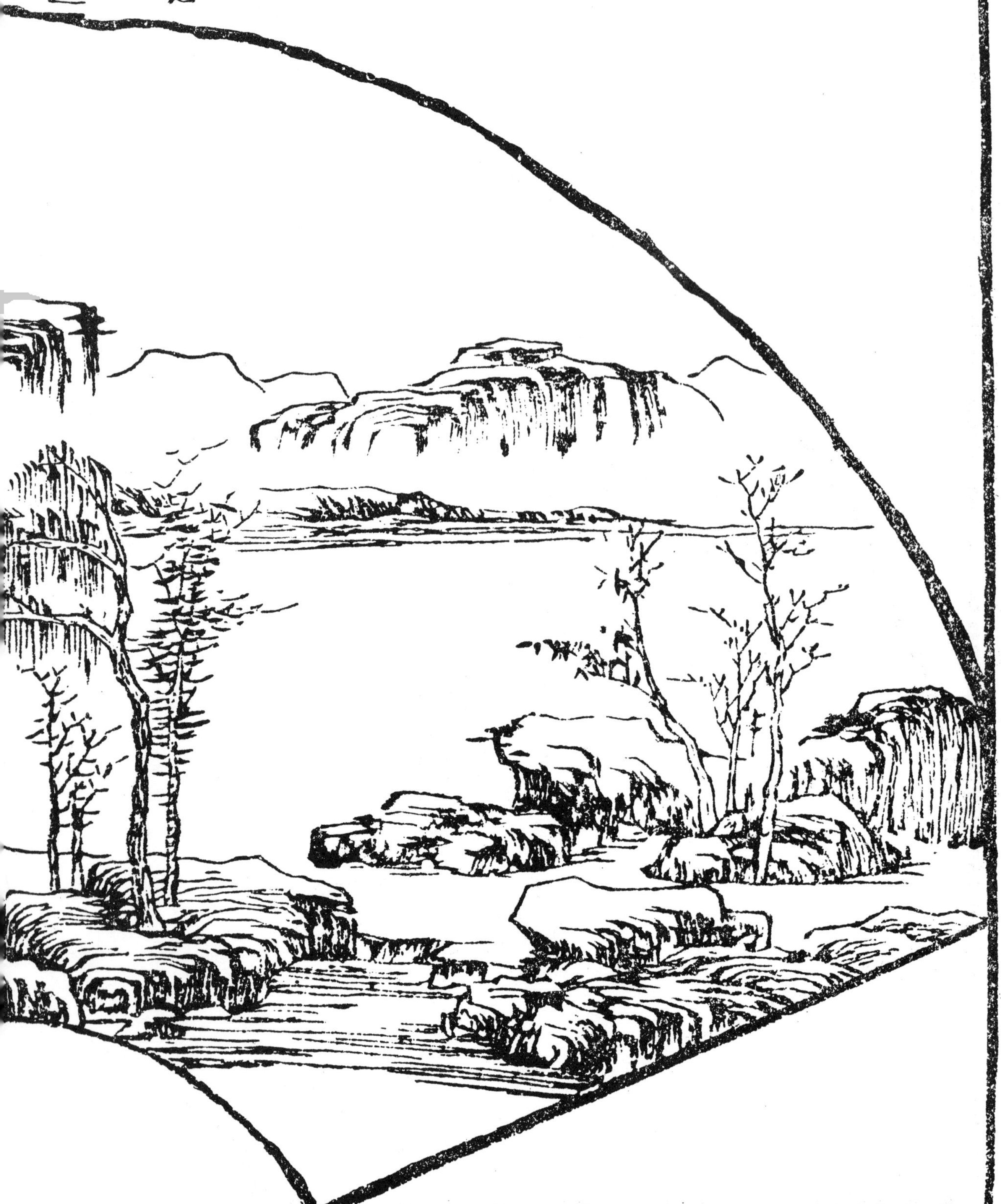

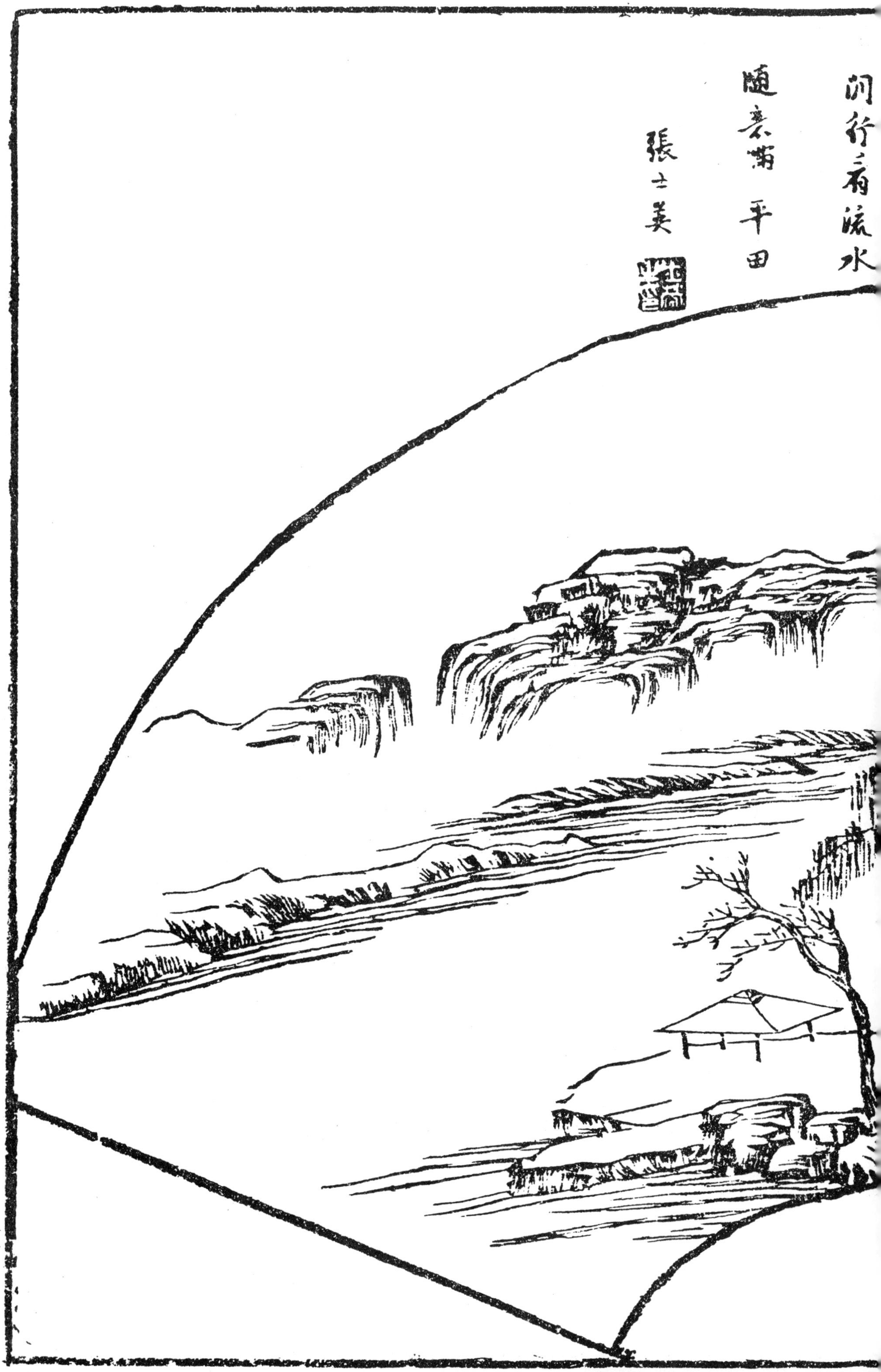
閒行〻看流水
隨意滿平田
張士美

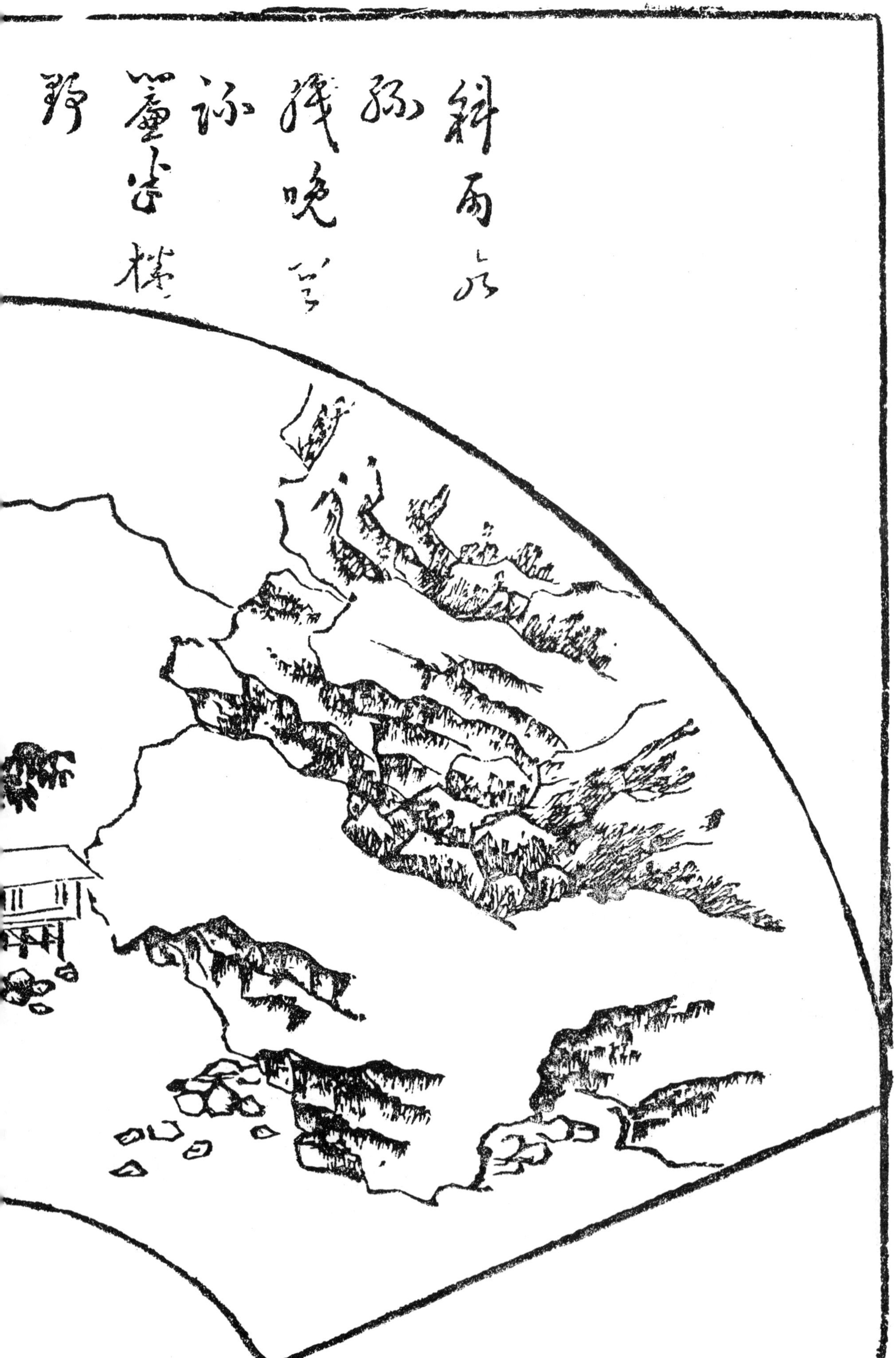
斜雨飛
絲
織晚風
疏
簾半捲
野

風萟
也白書
扶光
晚雲崖
溺孔孫沉
中汪仙

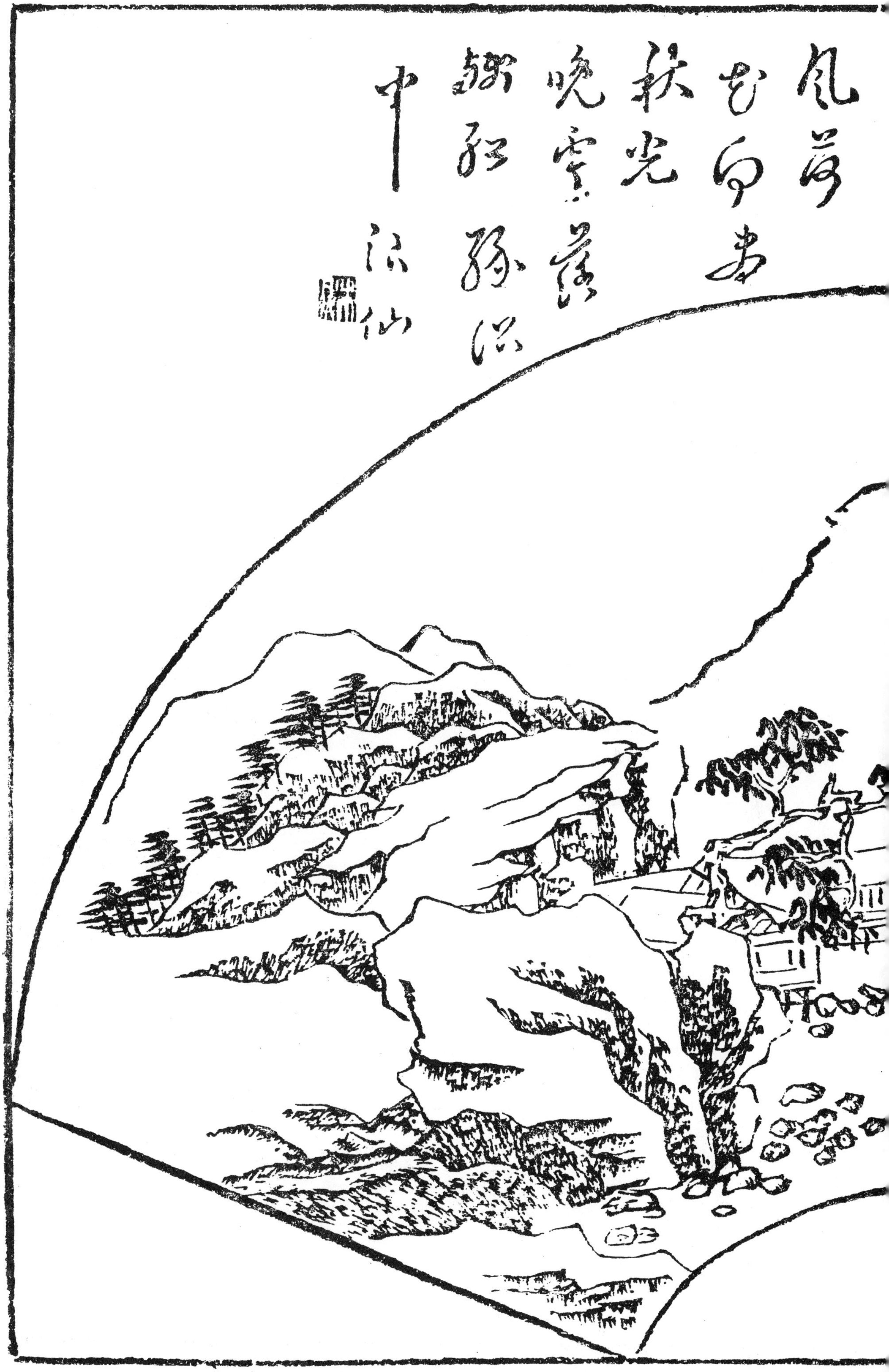

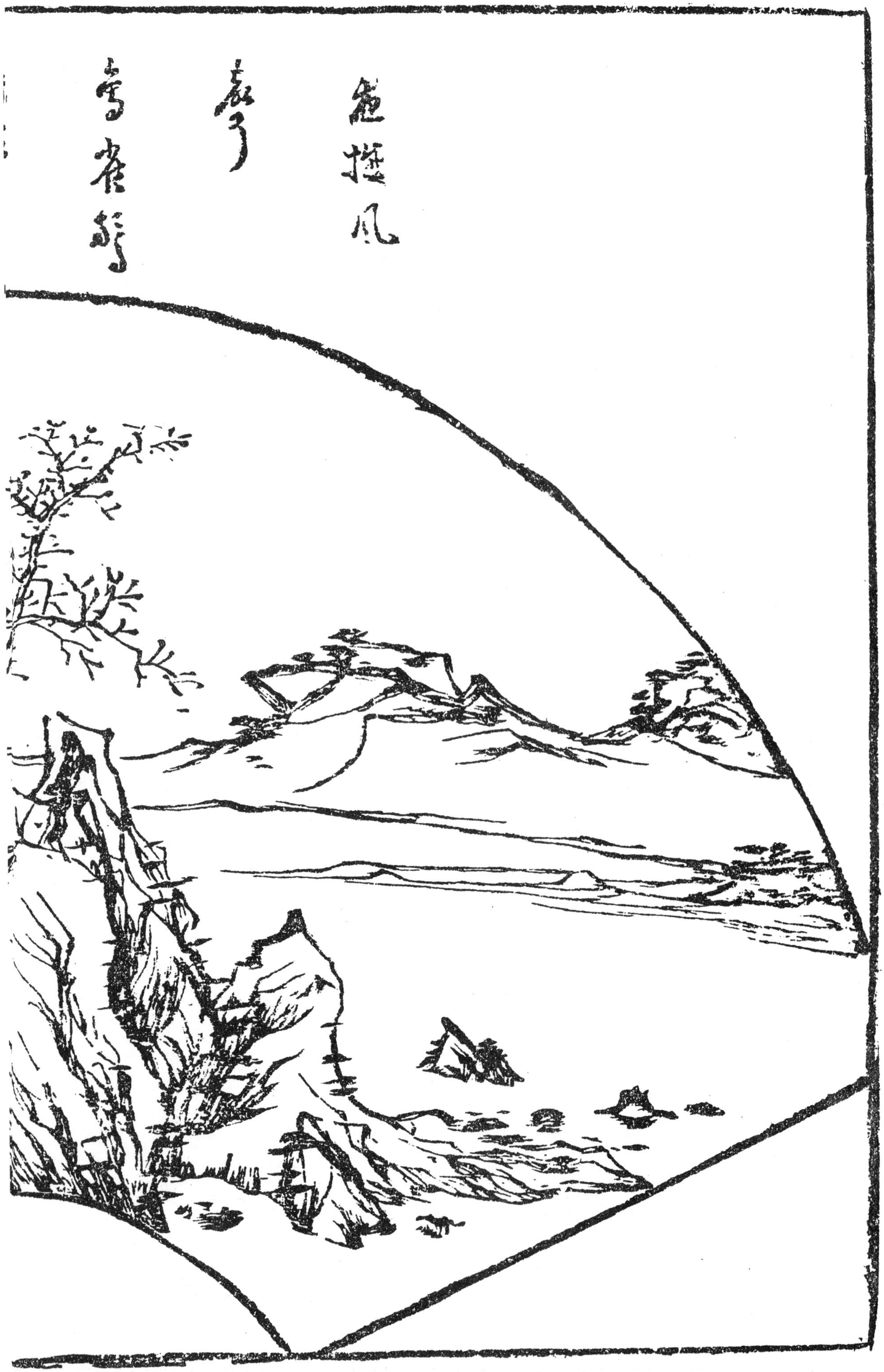

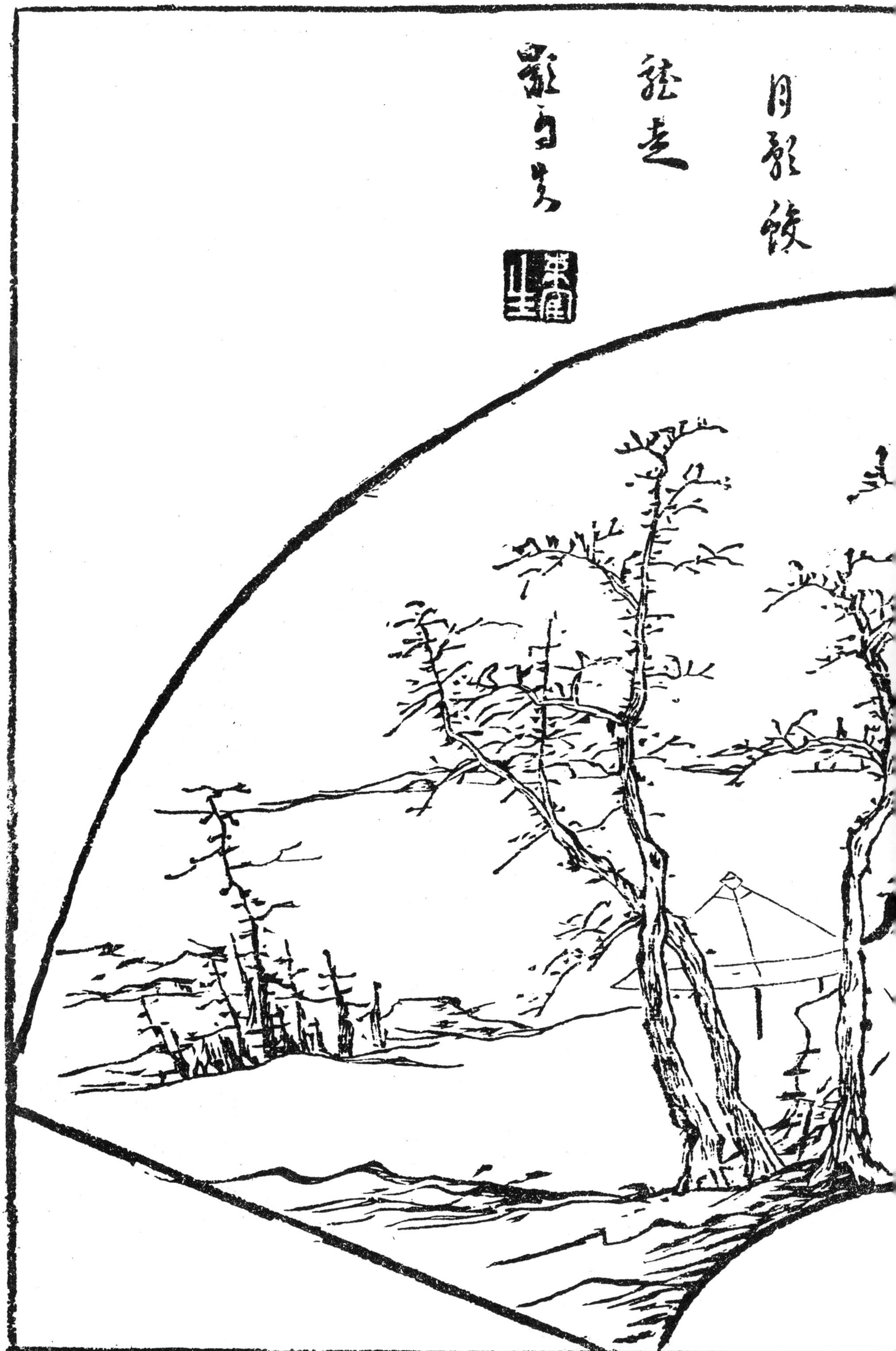

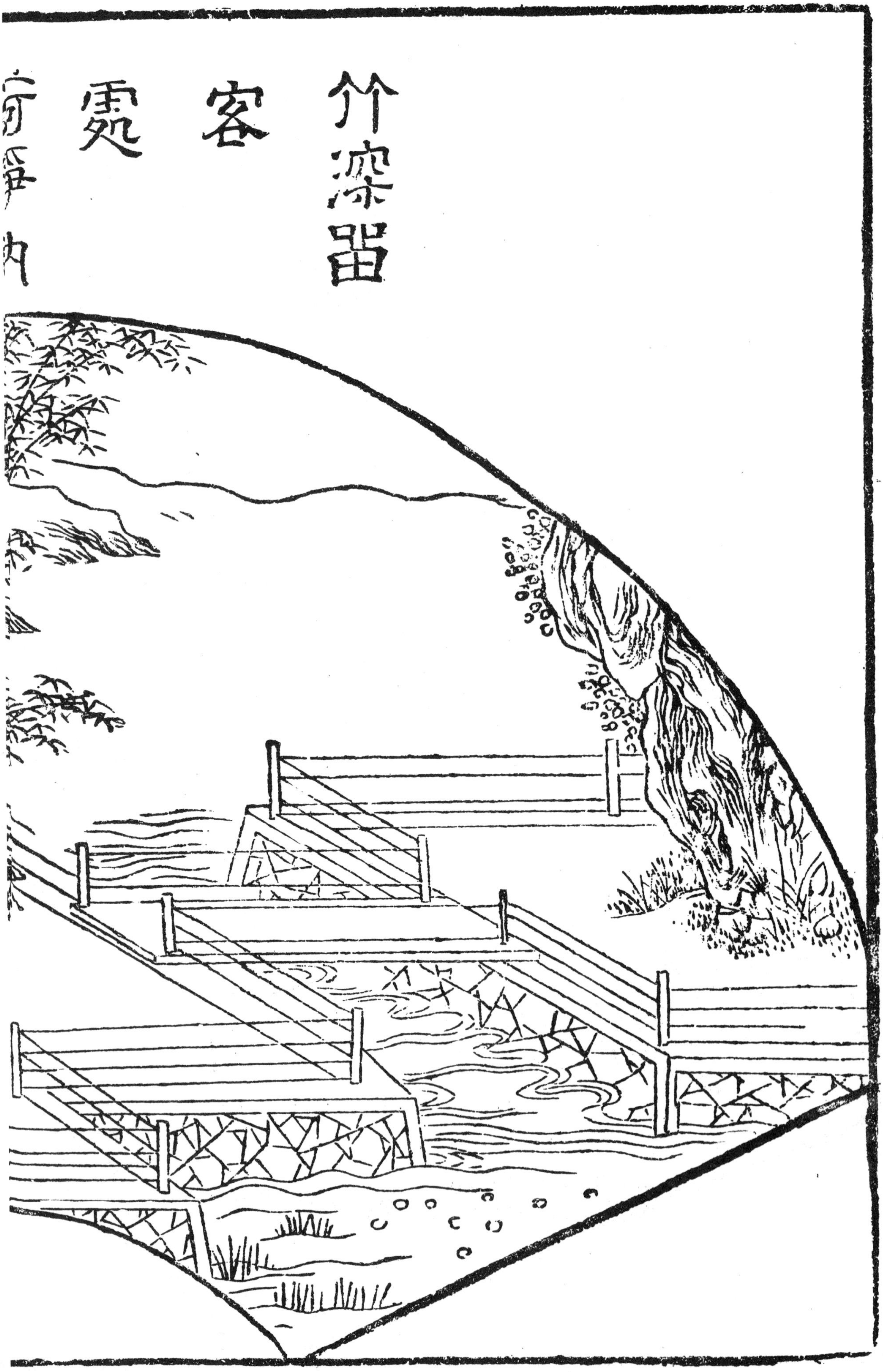
竹深留客處

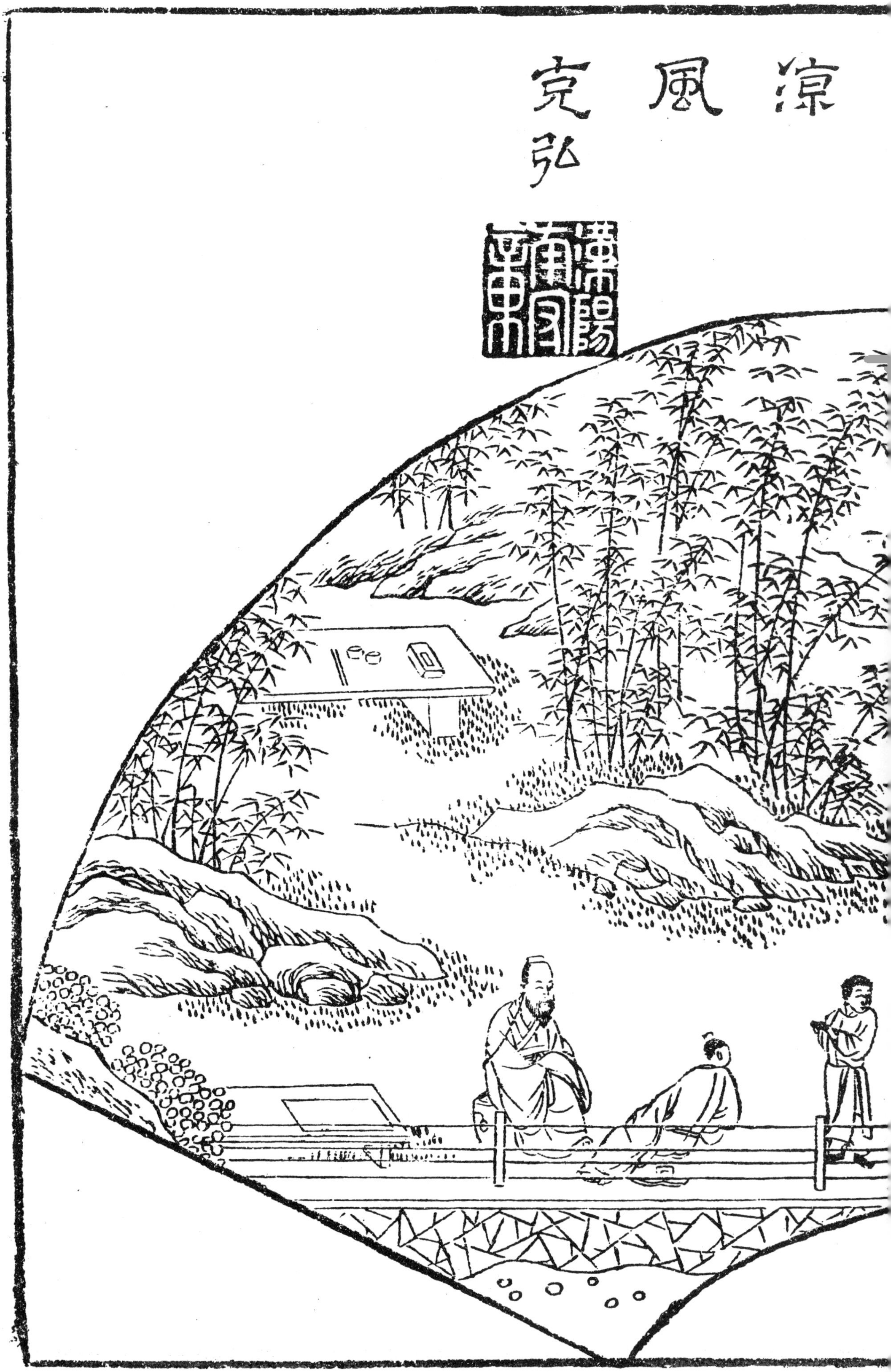
涼風
完弘

匪雕匠琢迺合昊樸為亂而亂與道合直是分

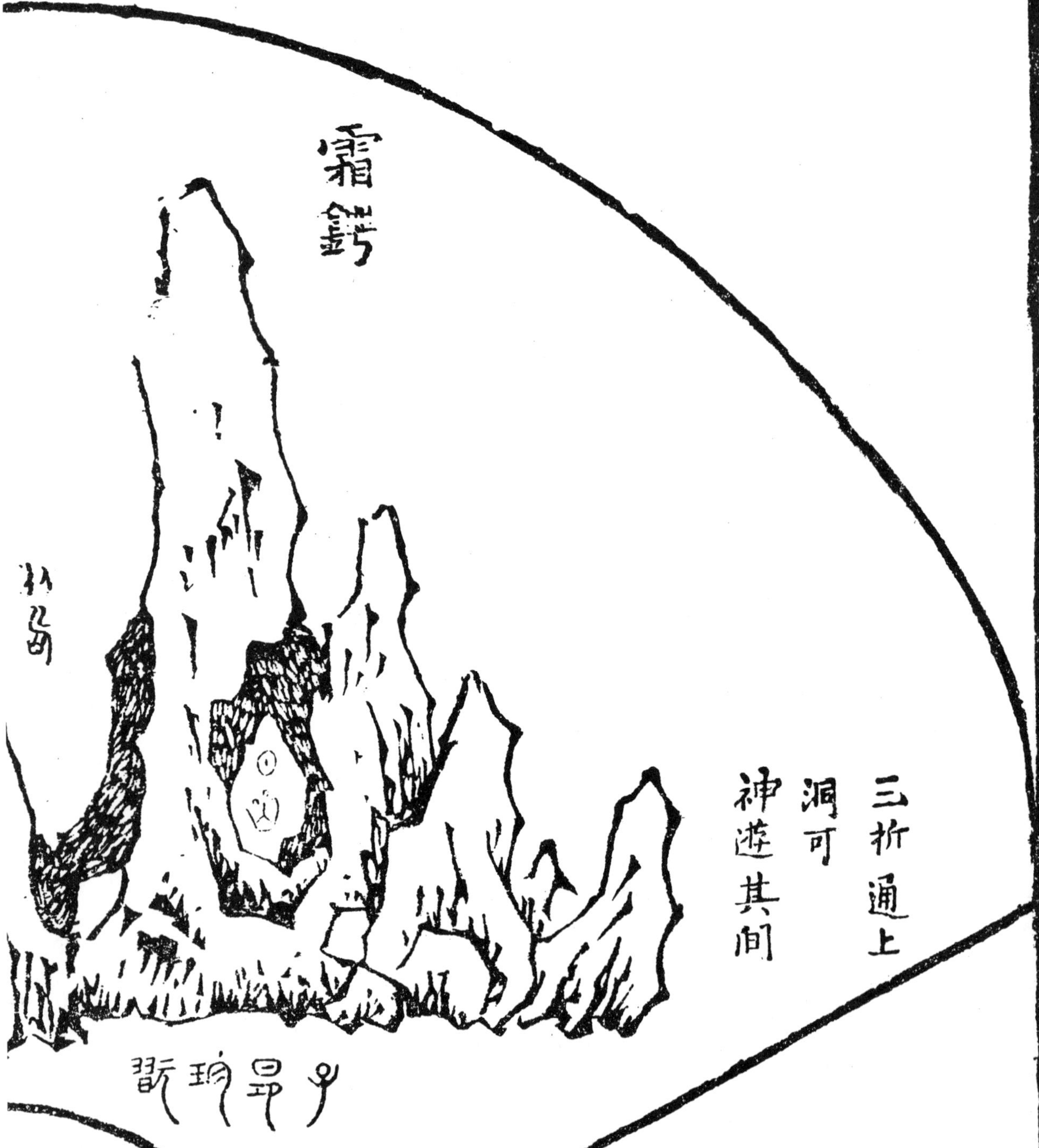

循折木
觀物理
而圖於
者與
菉苐絟

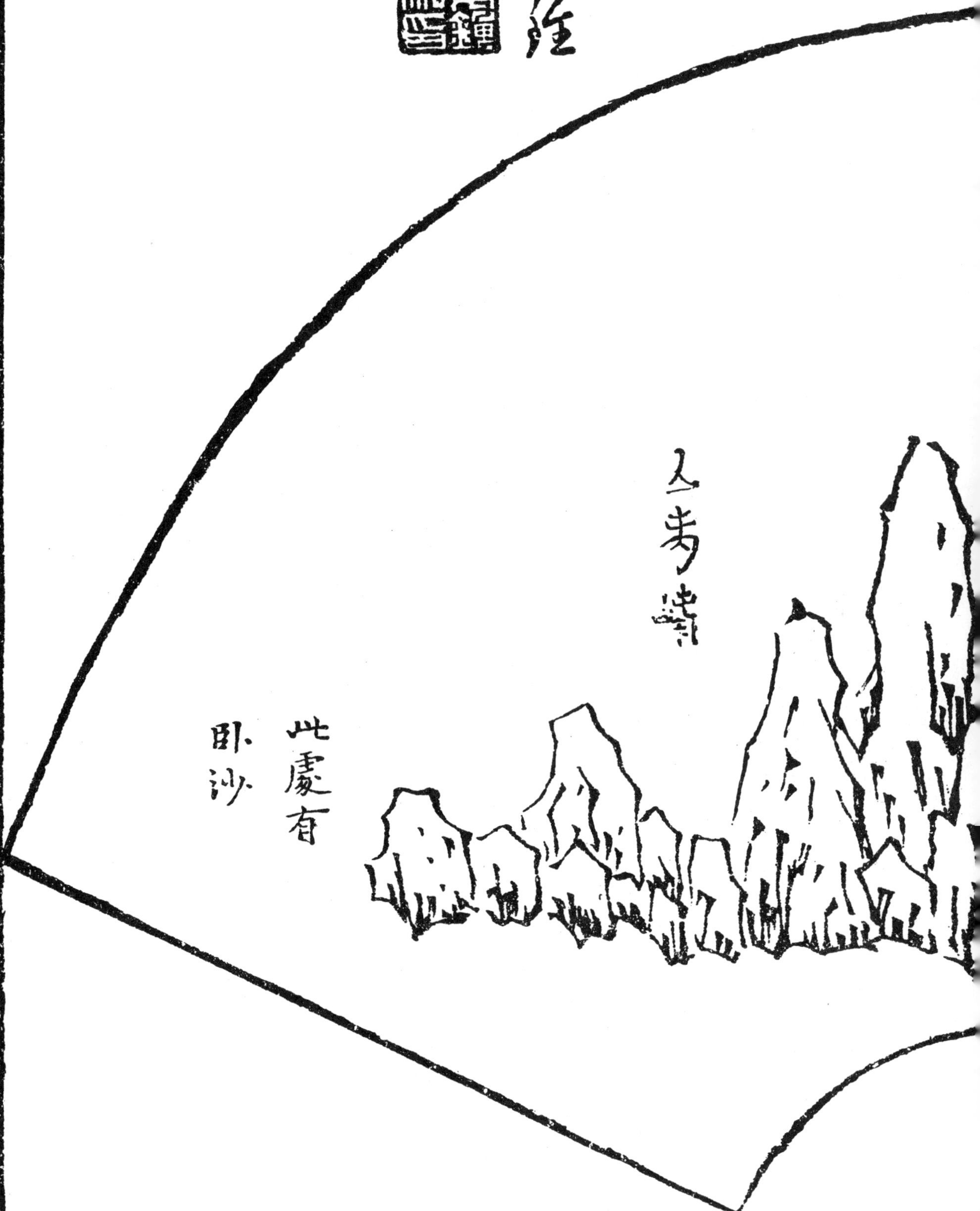

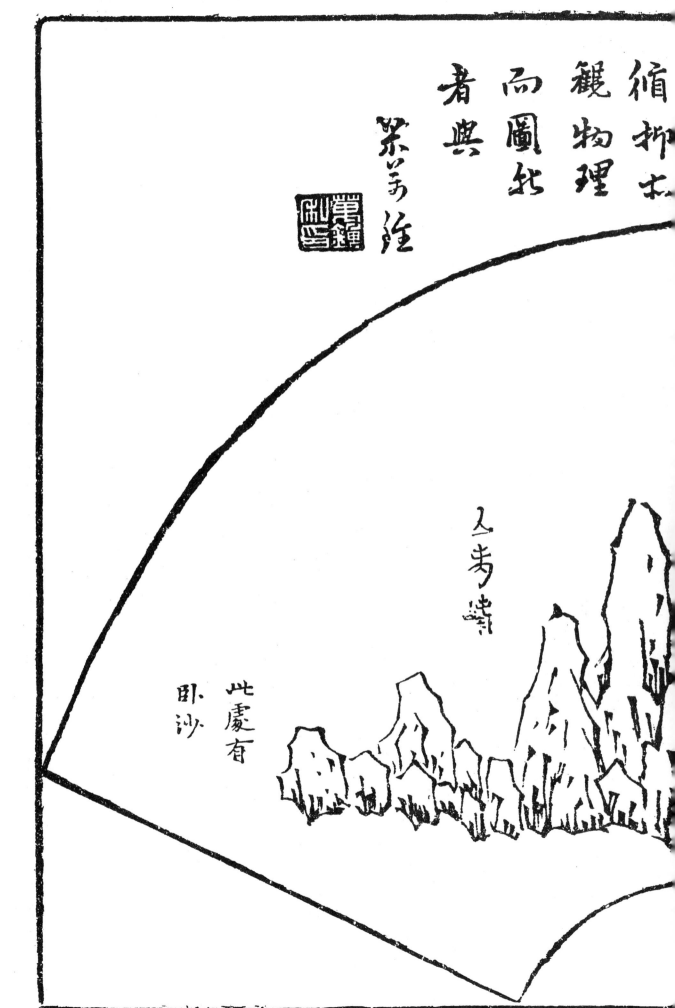

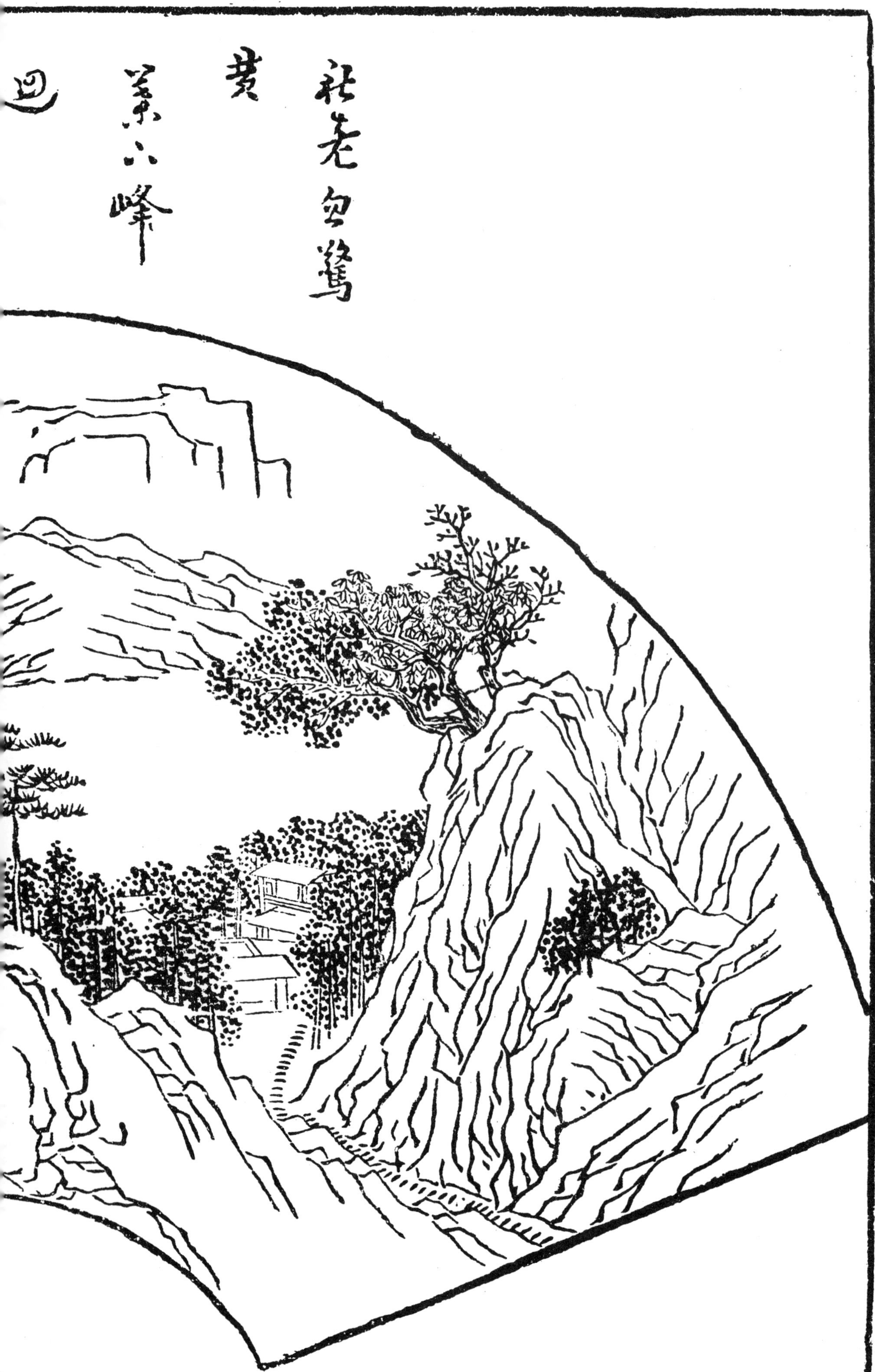
秋老白鷺
黄
第六峰
回

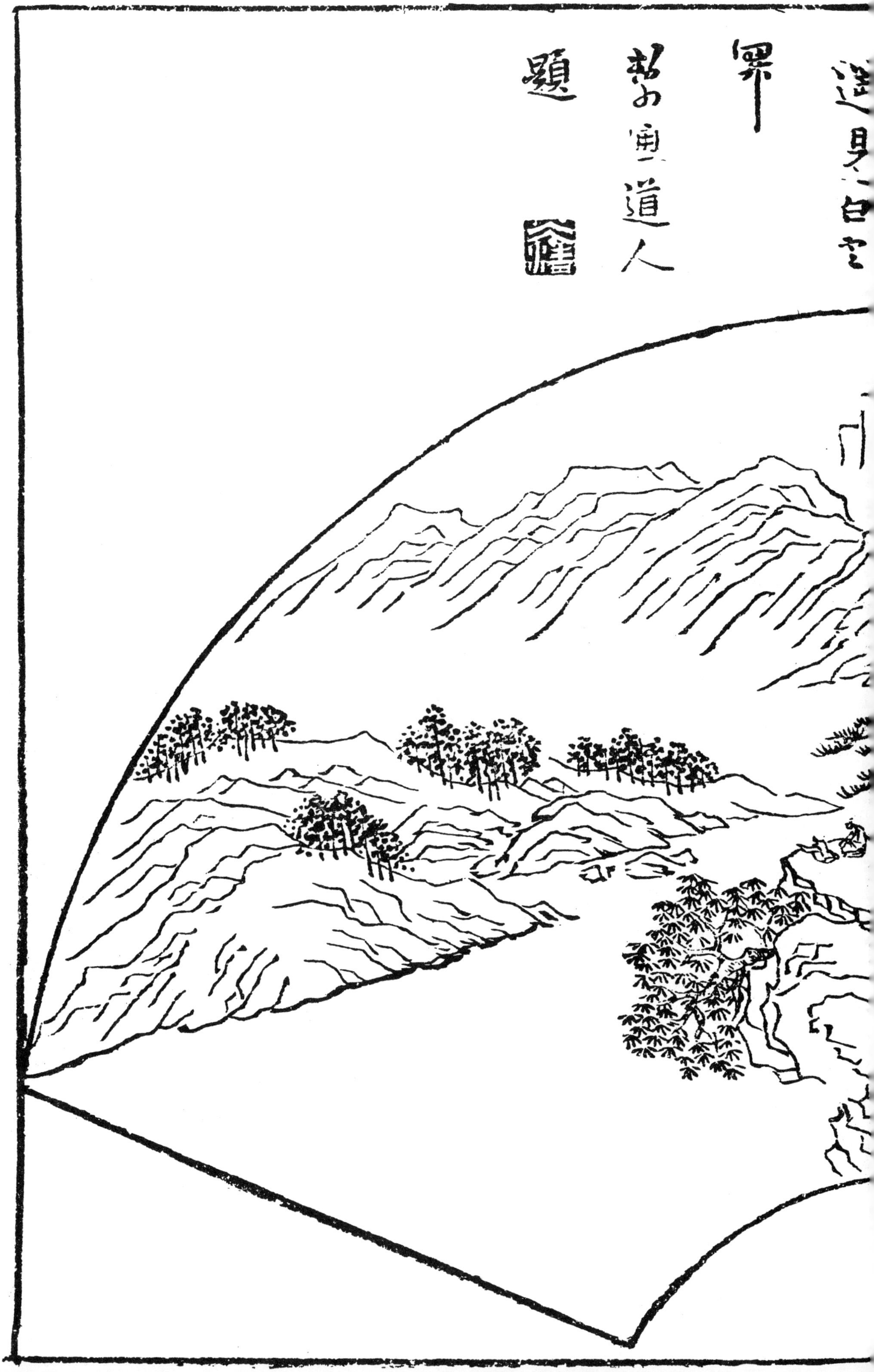

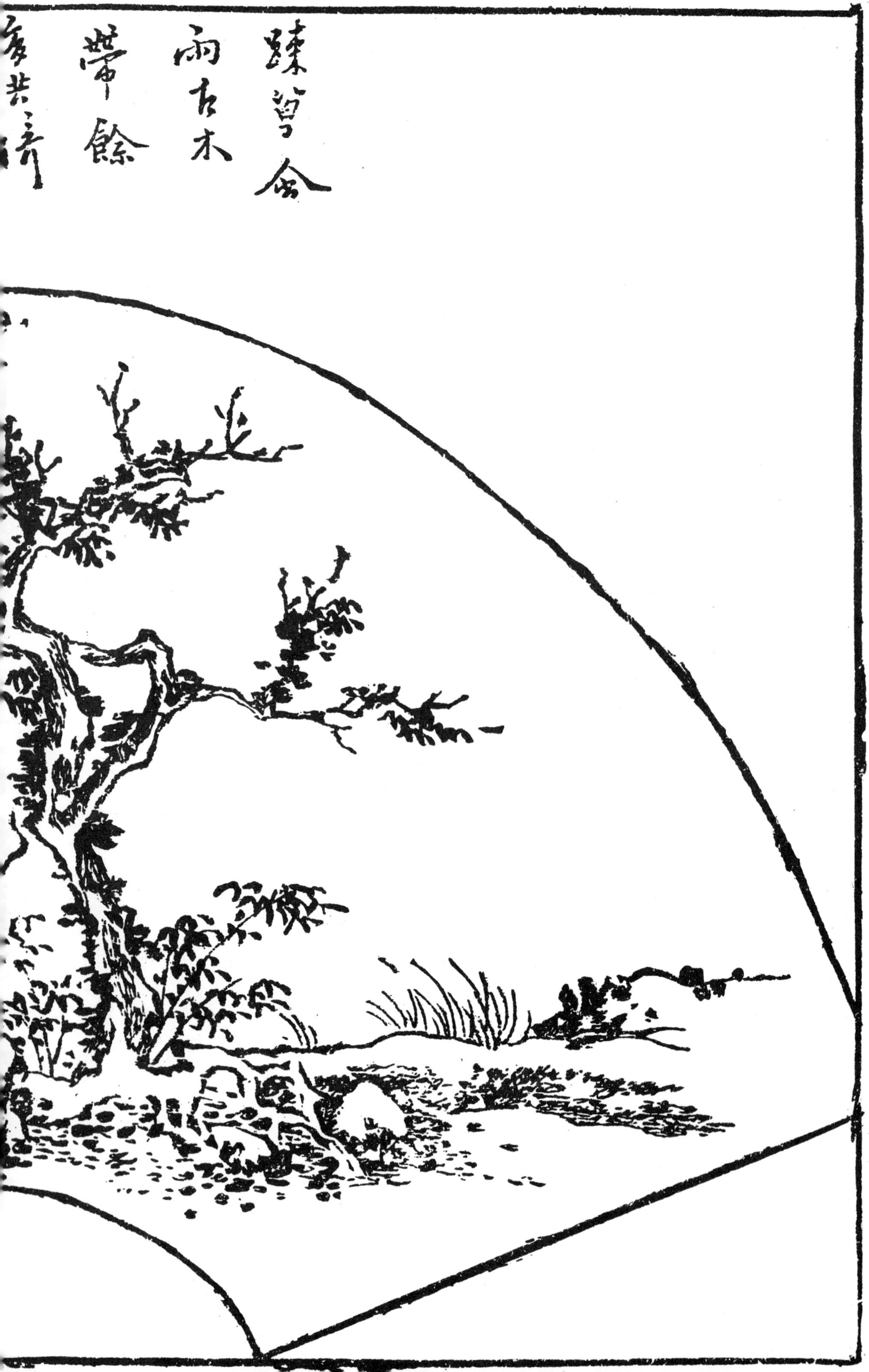
雨古木
帶餘

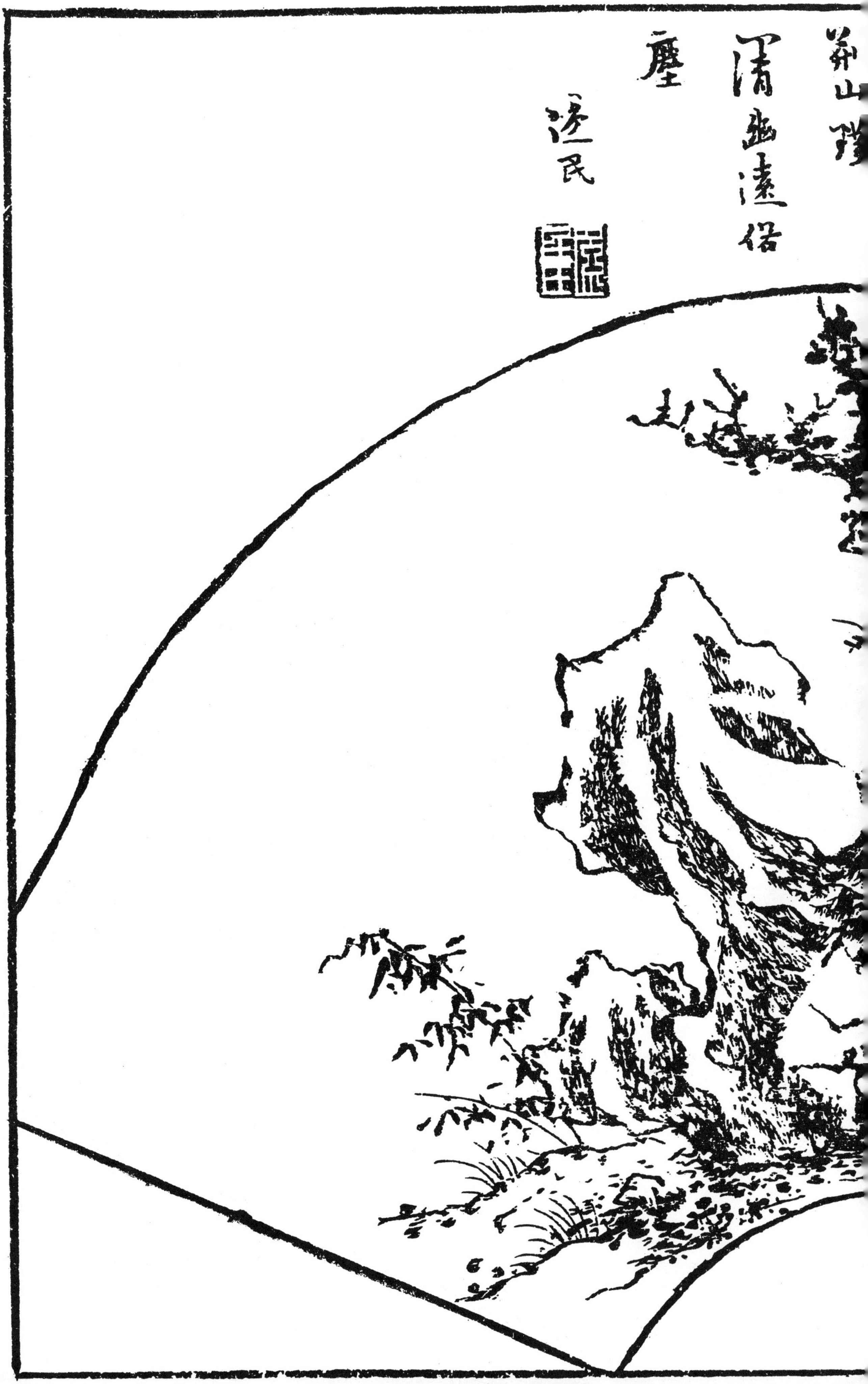
清幽遠俗
塵
逸民

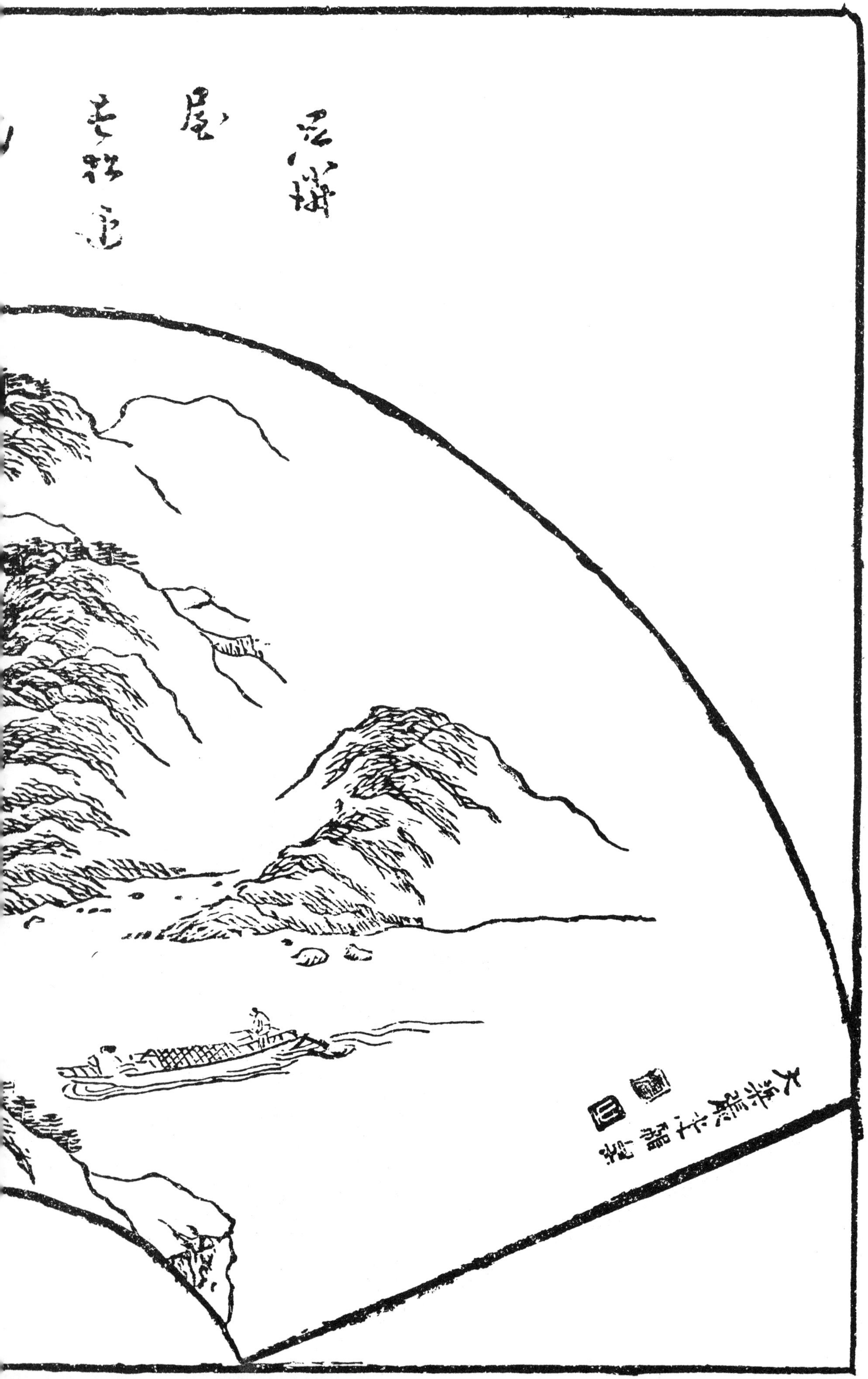

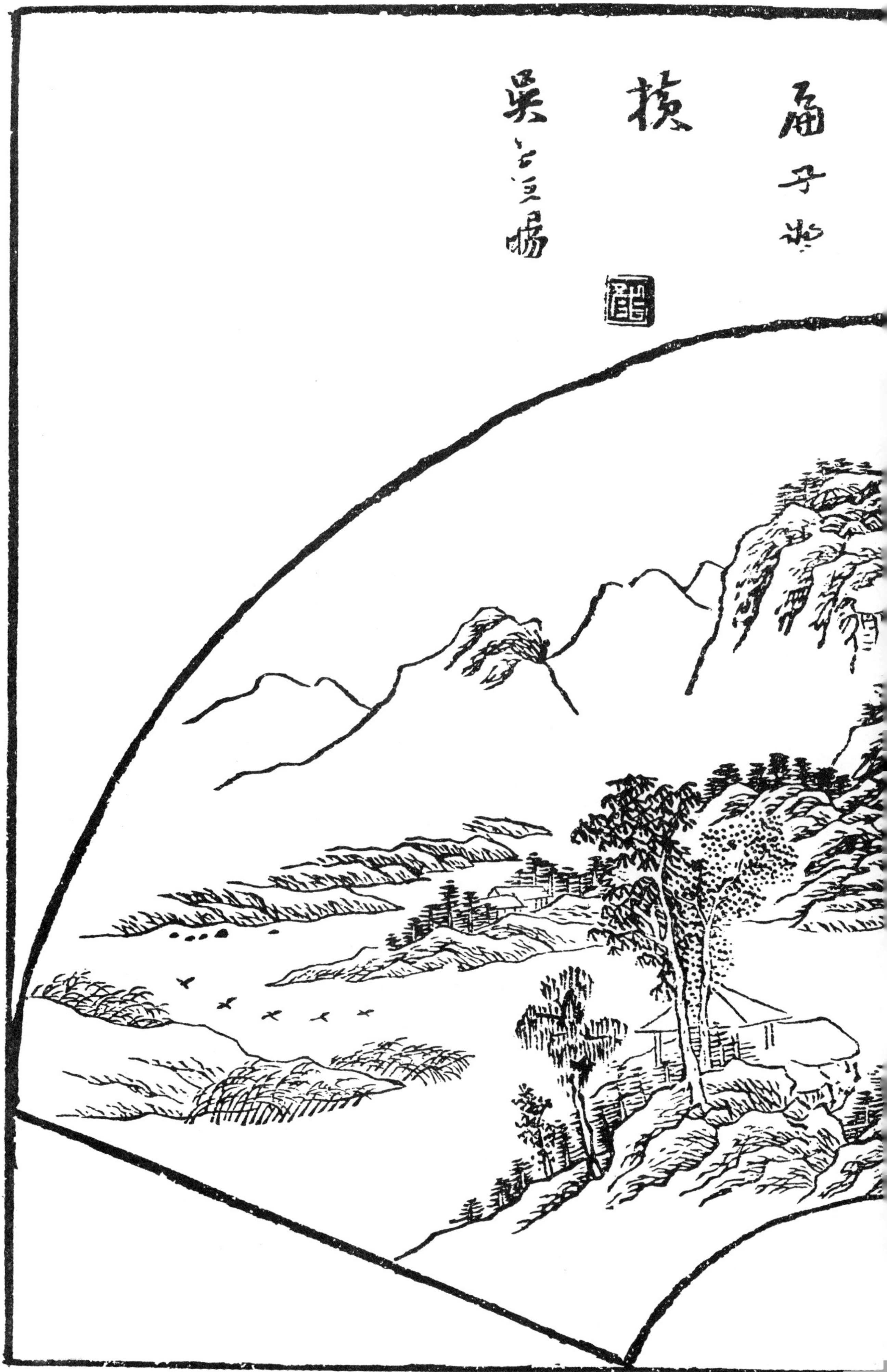

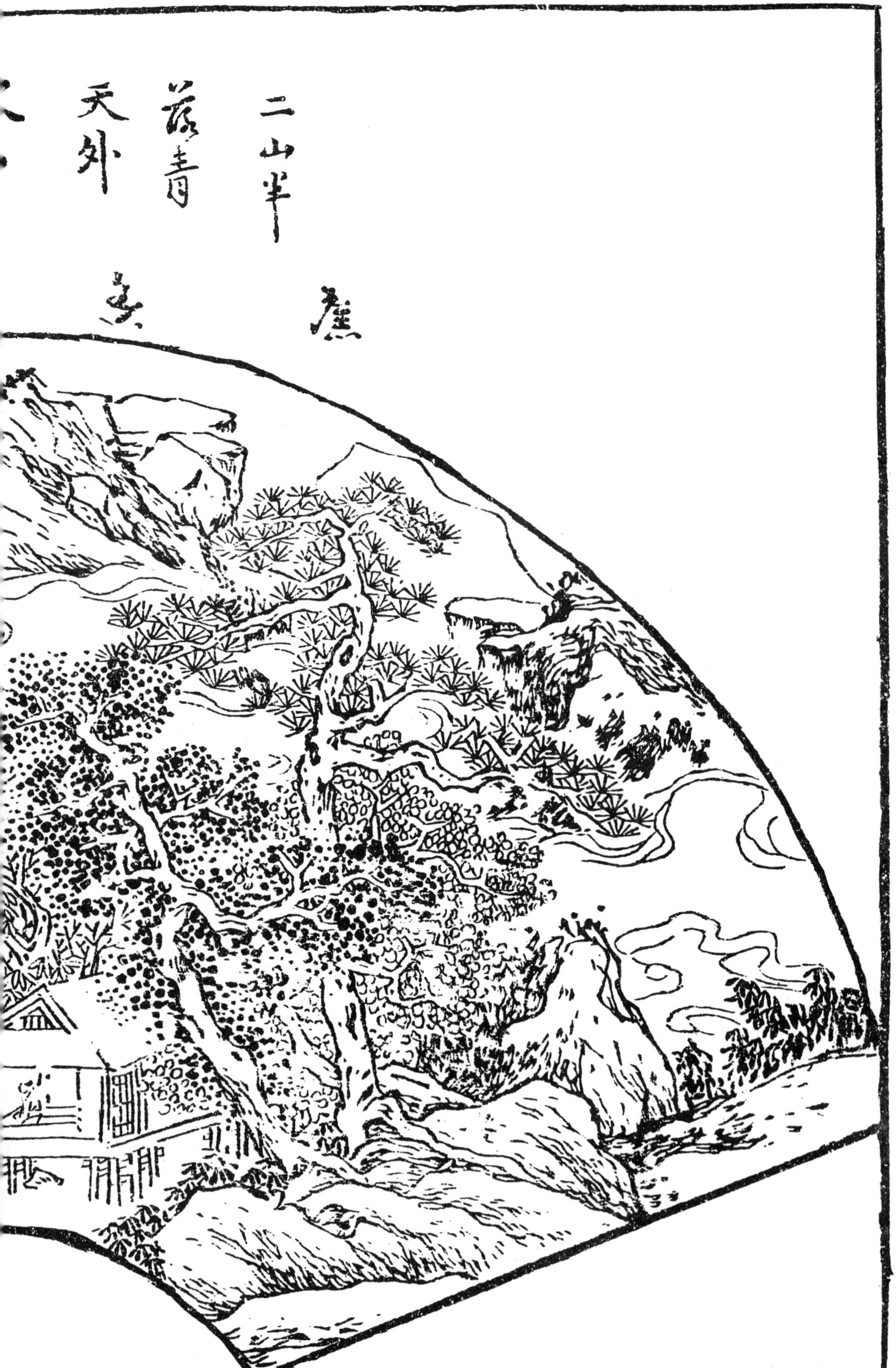
二山半
落青
天外
唐寅

今日渡

鷺沙

香谷目產

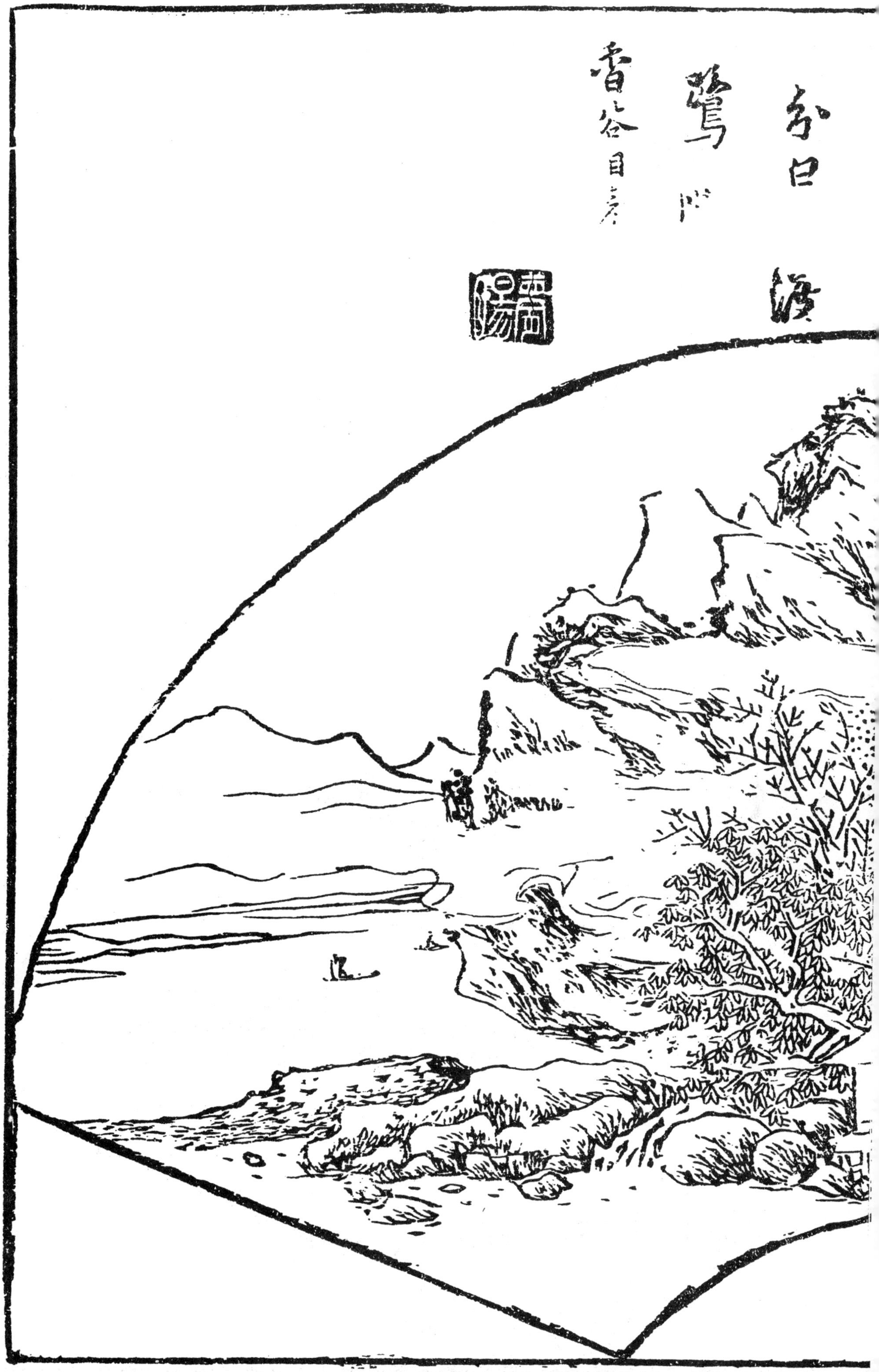

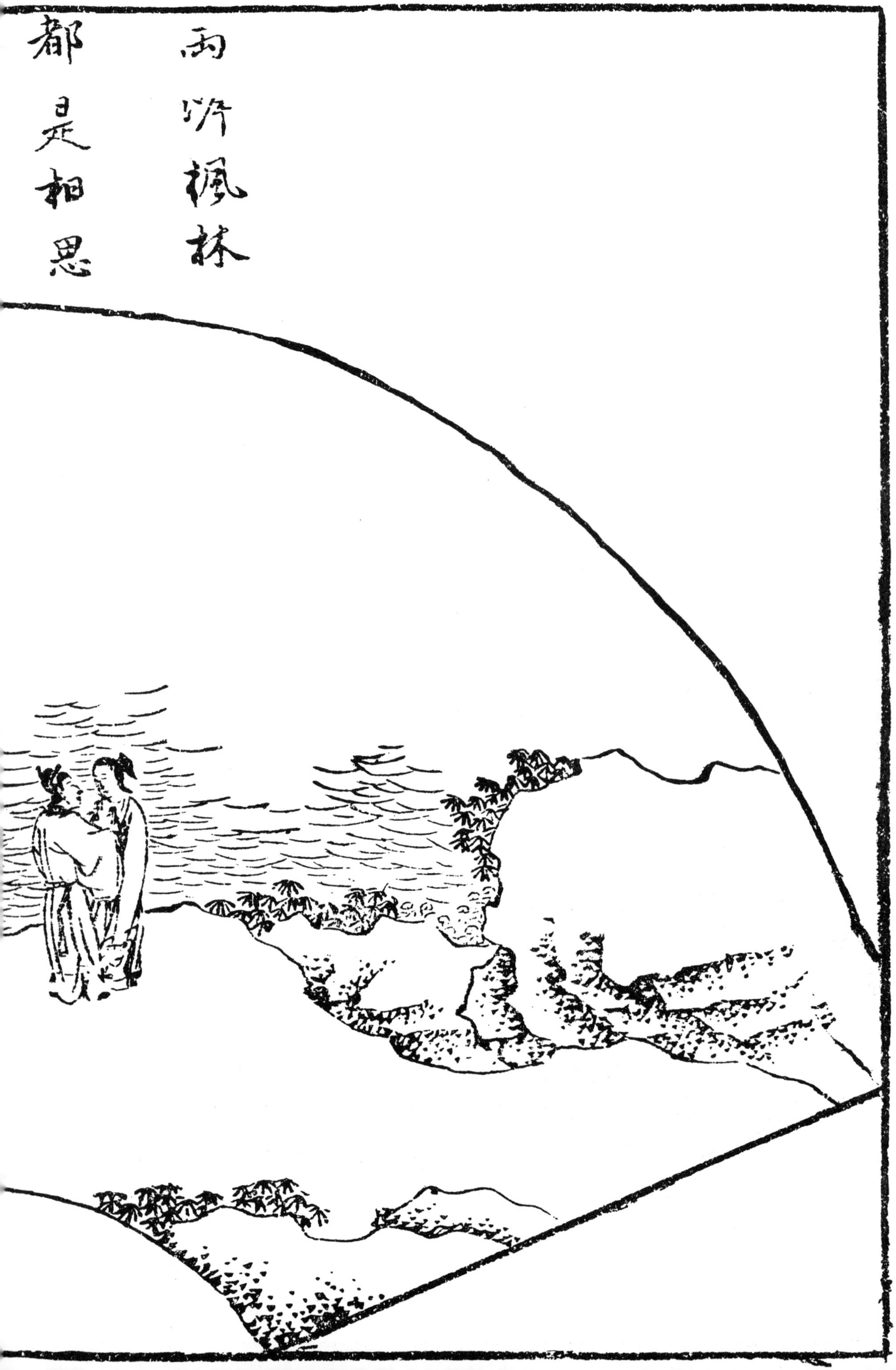
雨洗楓林
都是相思

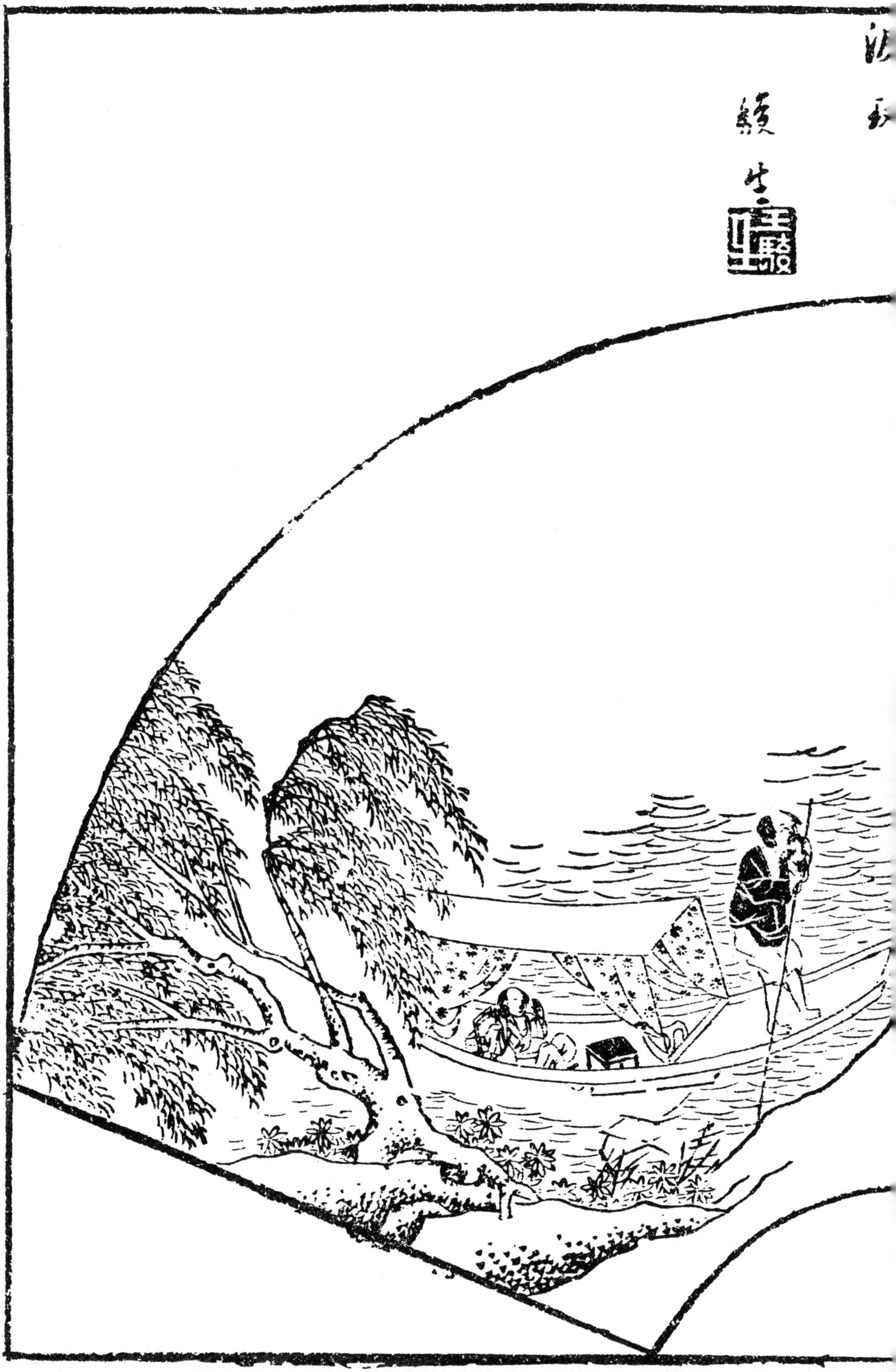

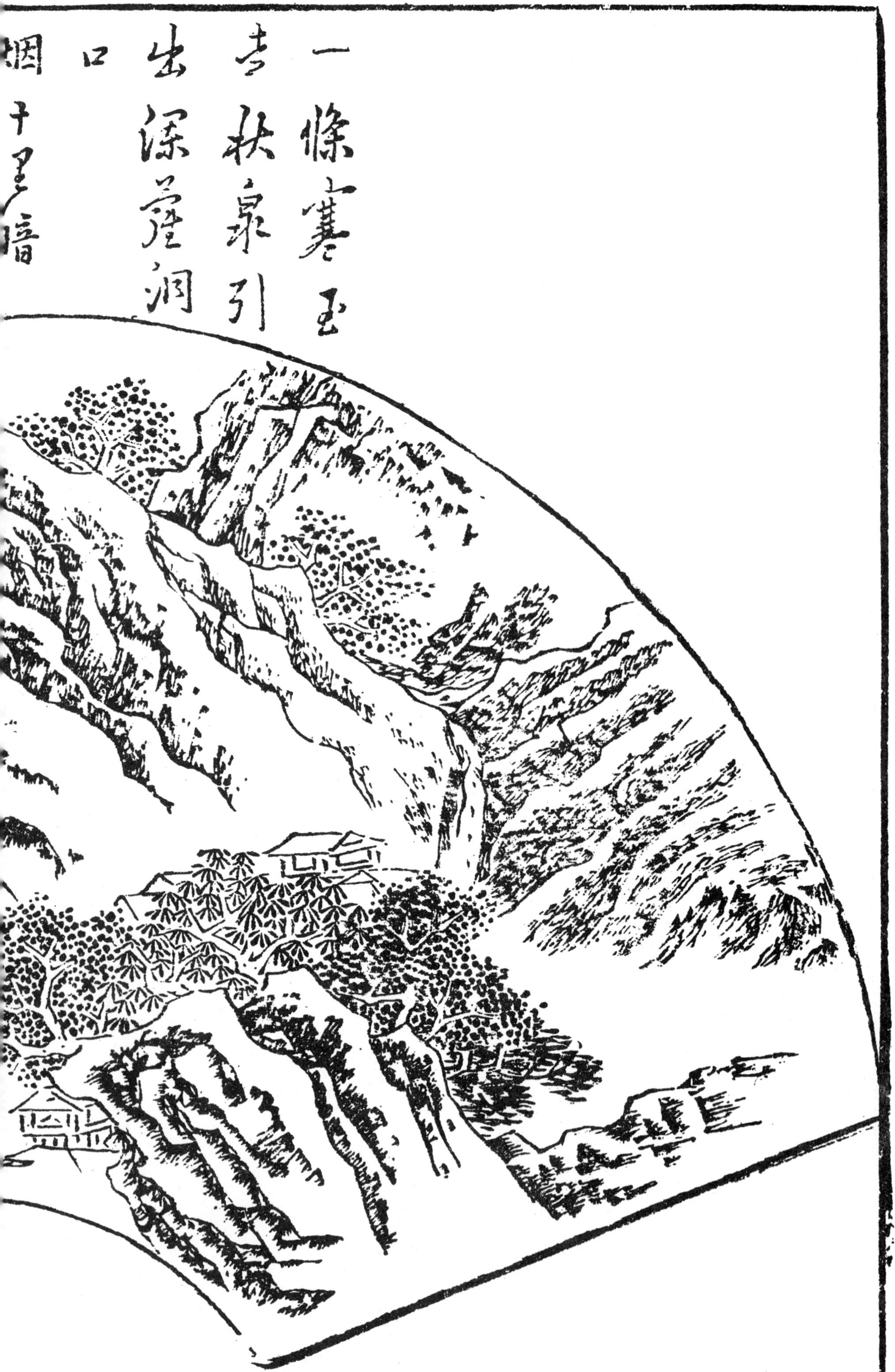
一條寒玉
走秋泉引
出深崖洞
口
咽十里暗

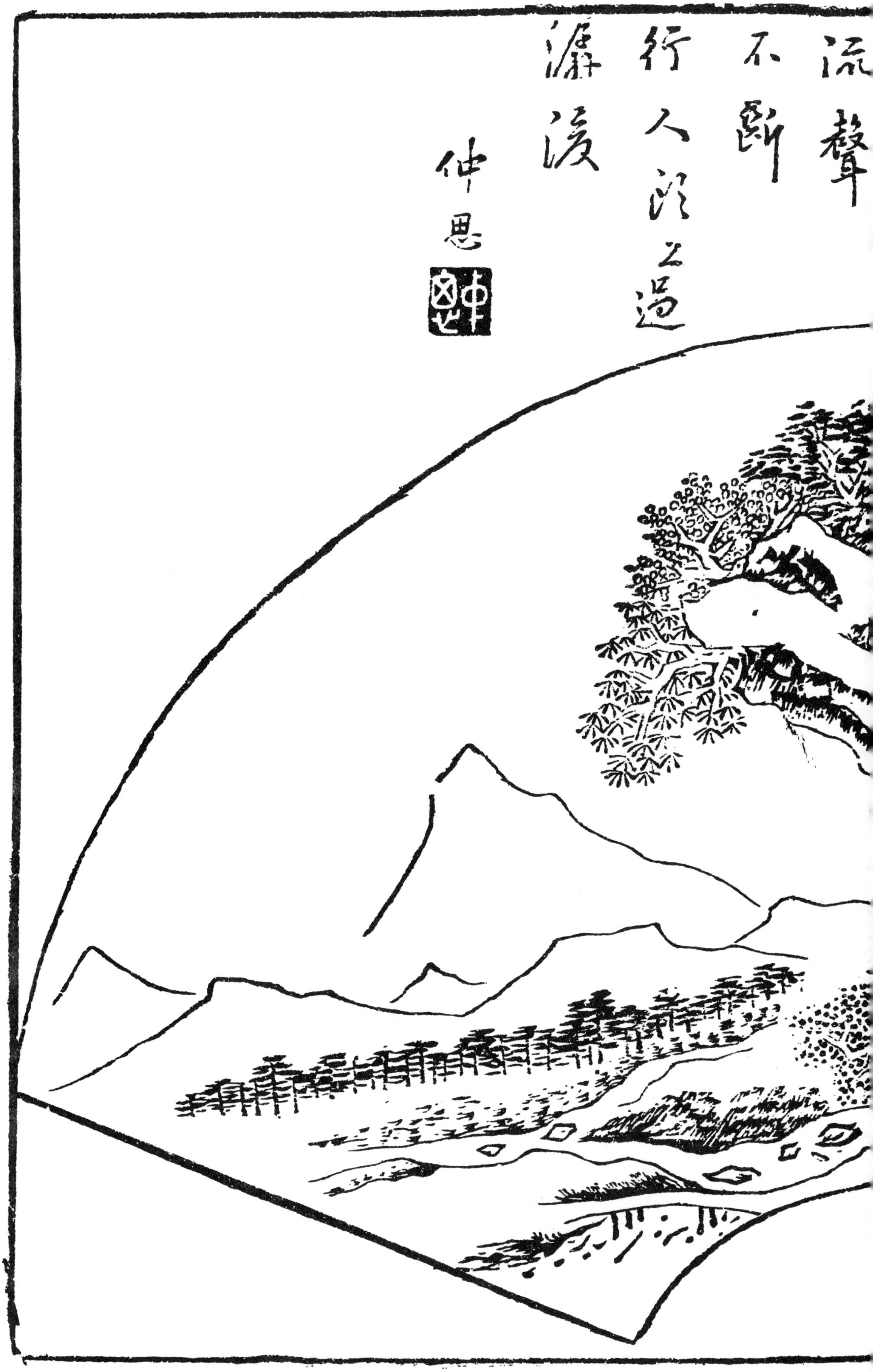
流聲
不斷
潺湲
仲思

擬寫白石翁冊
頁
点頓
稍其寂寞云
筆物
一二少雅雨

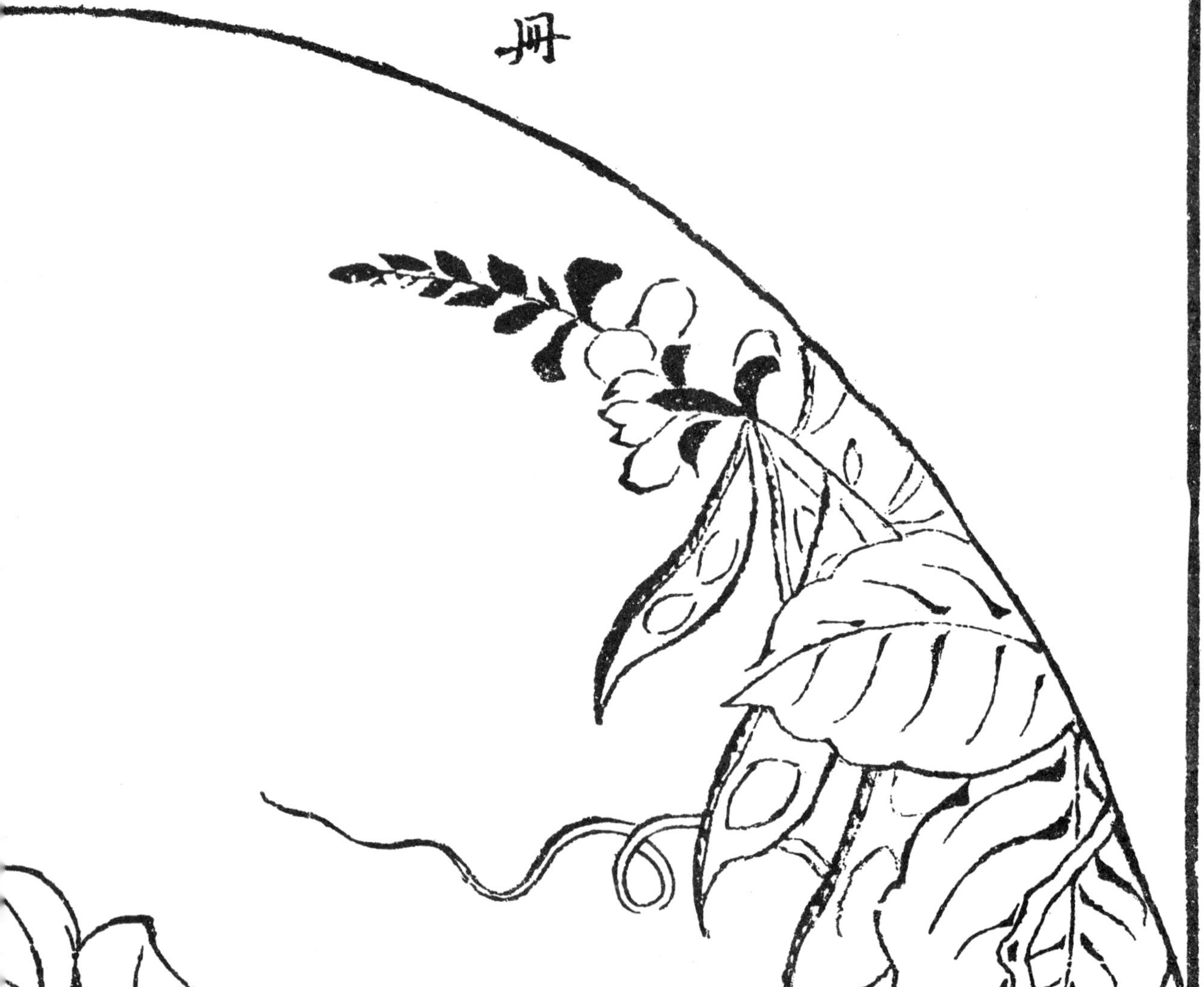

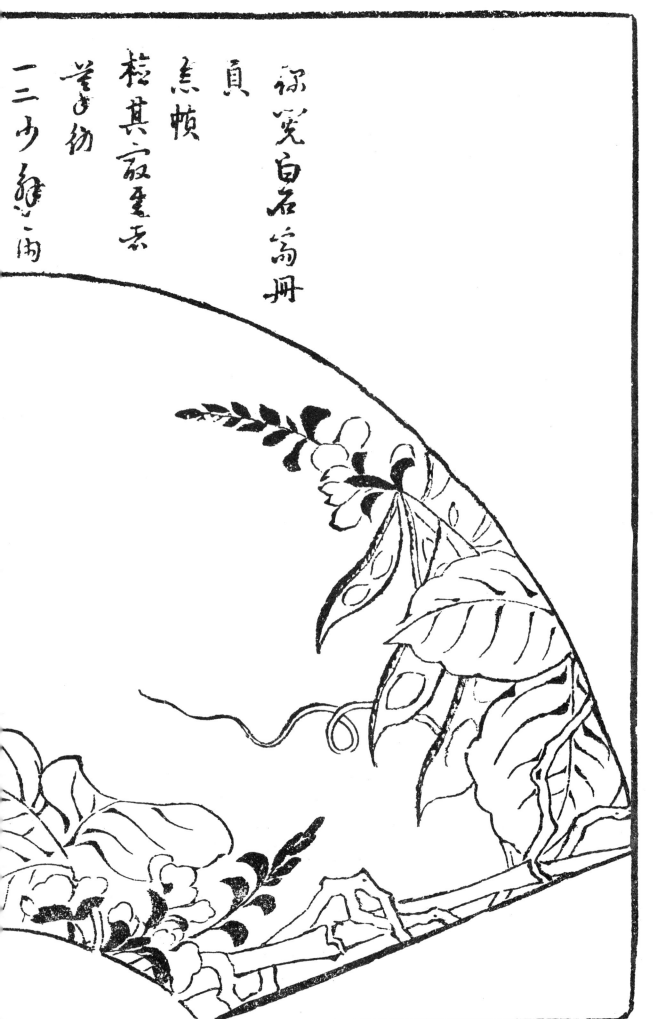

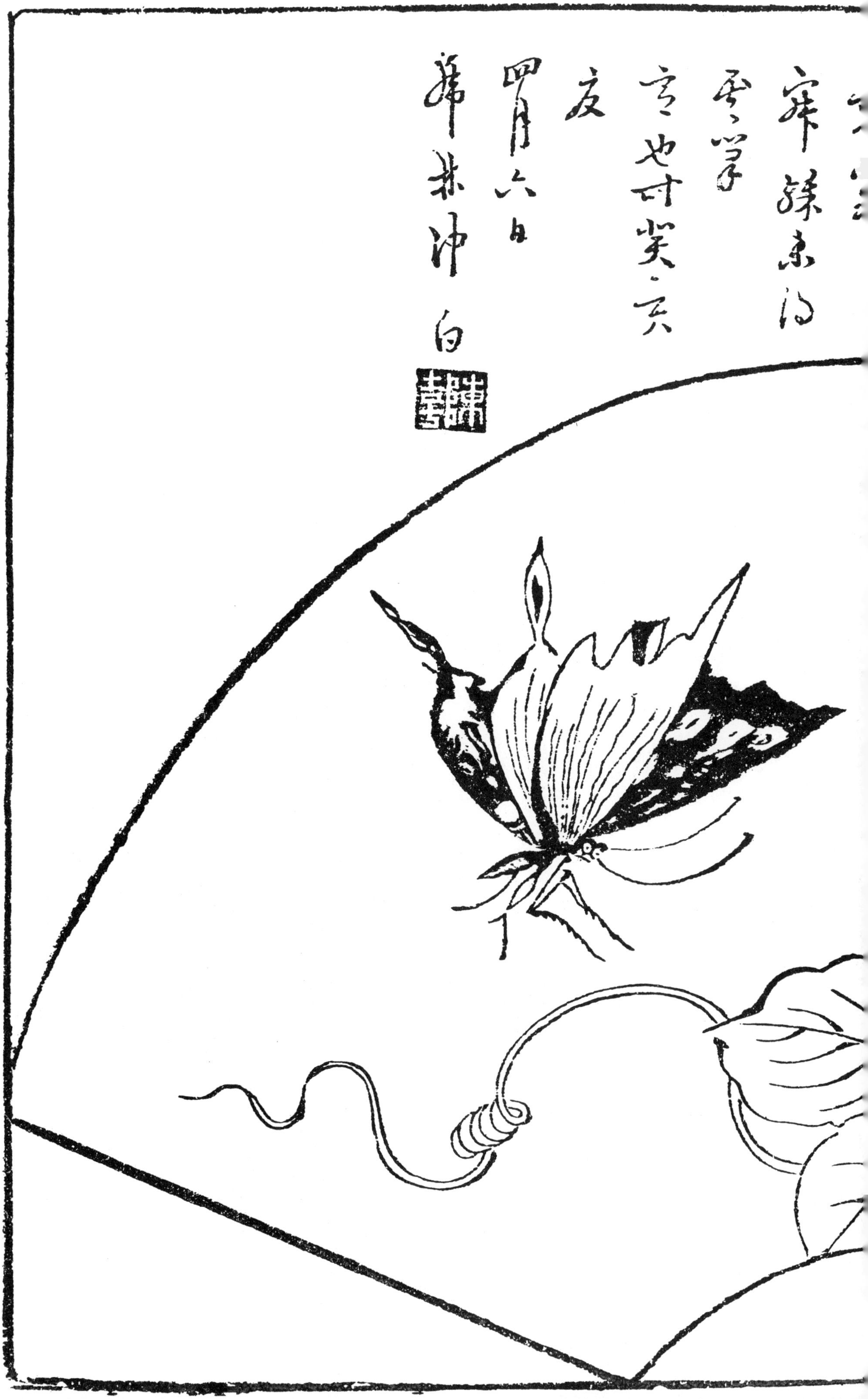

山僧久住長
江上
慣聽漁人叢

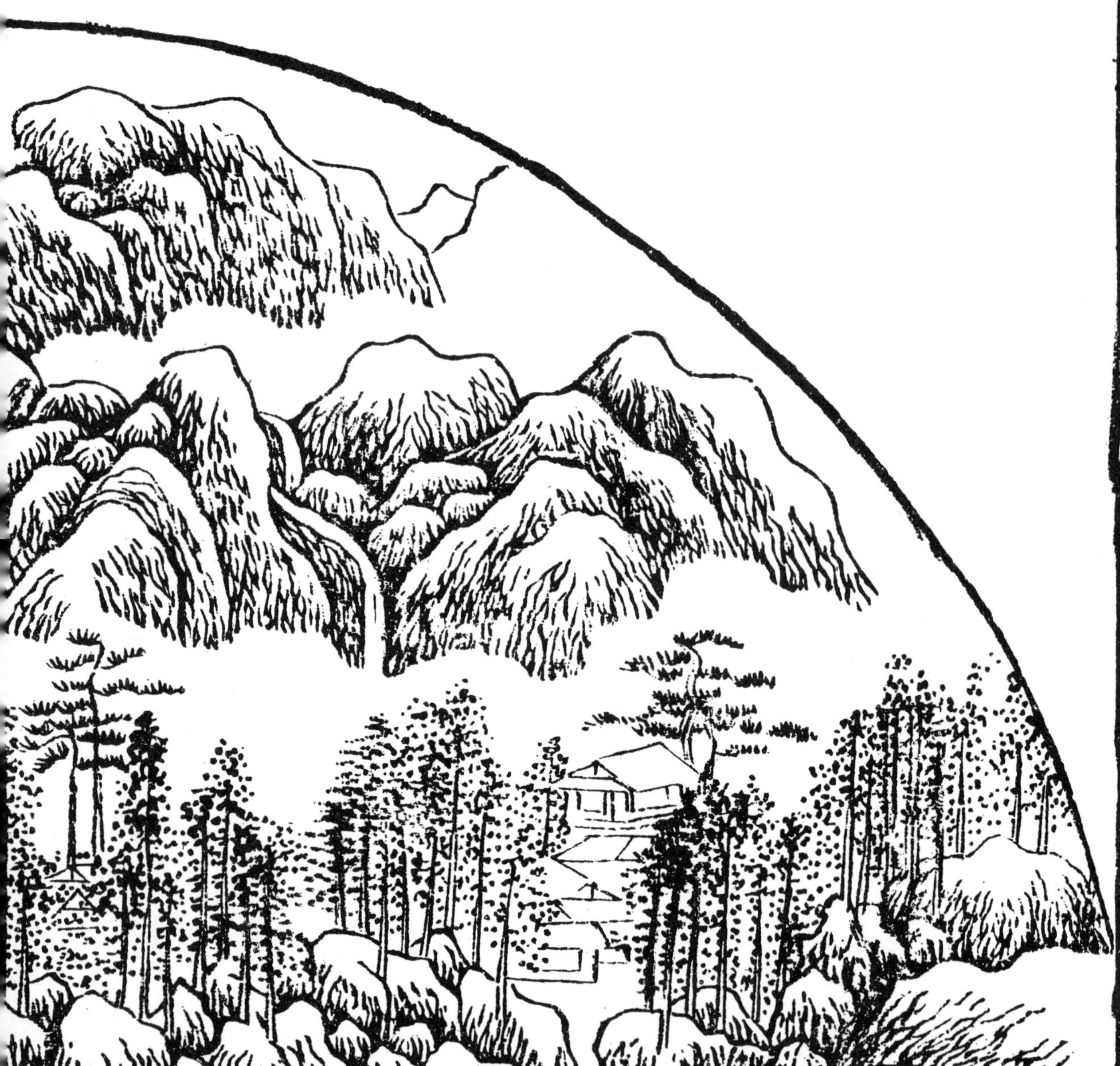

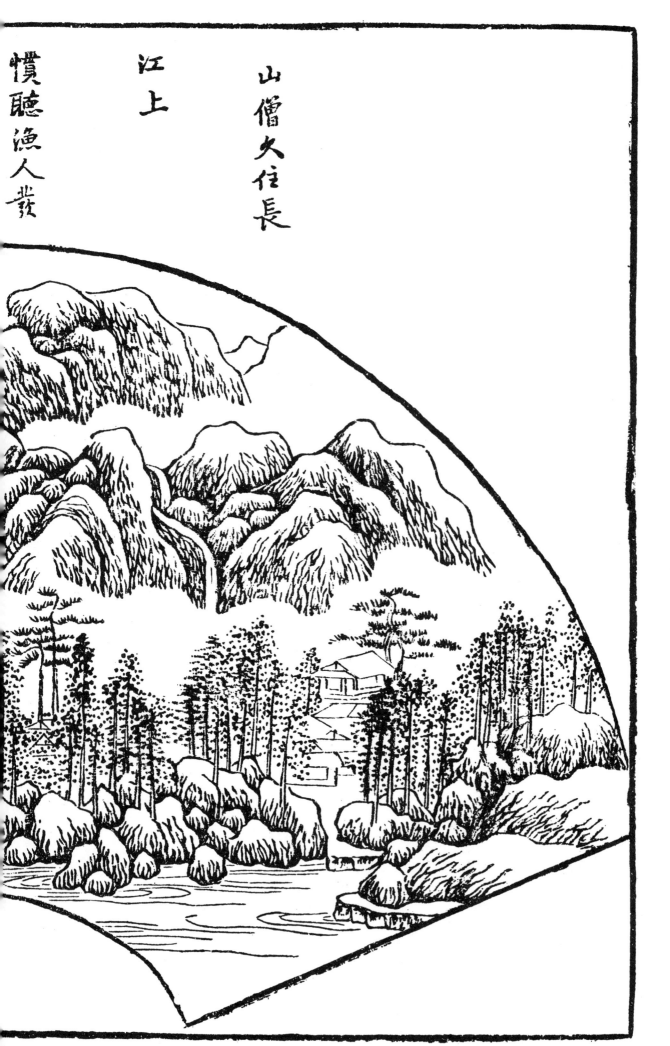

棹歌

李長民

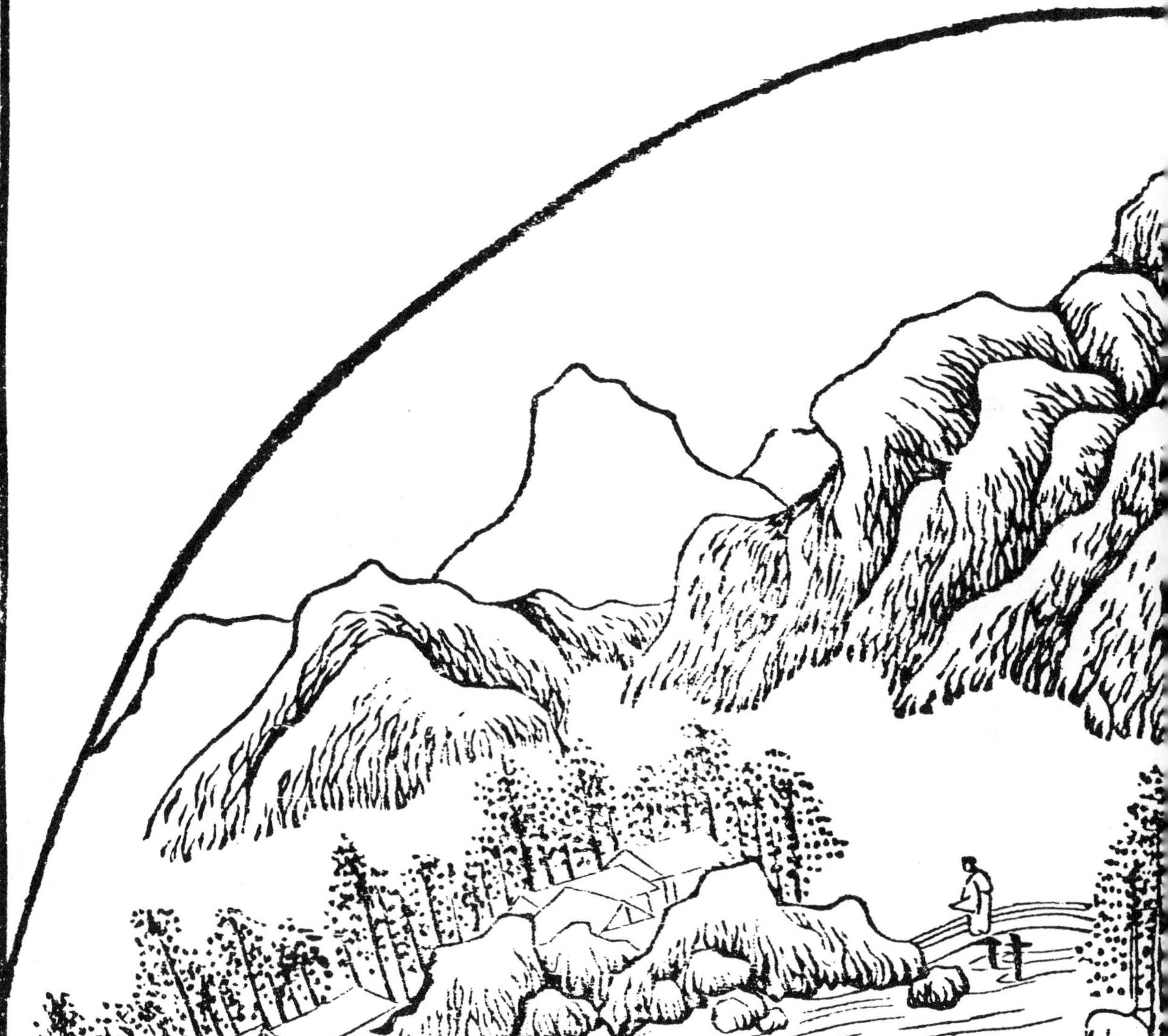

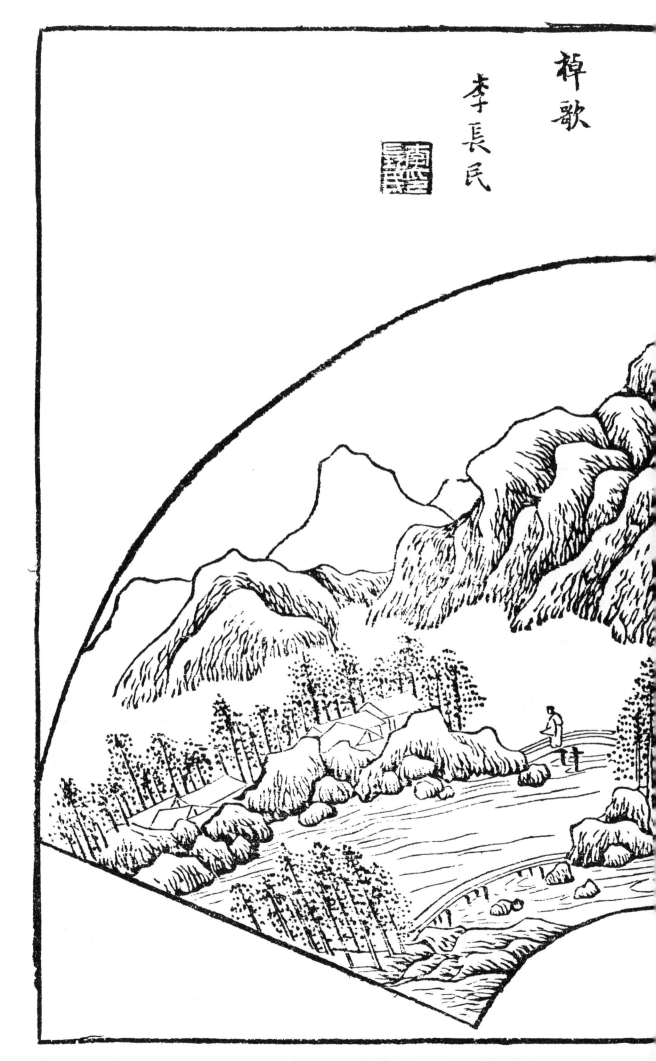

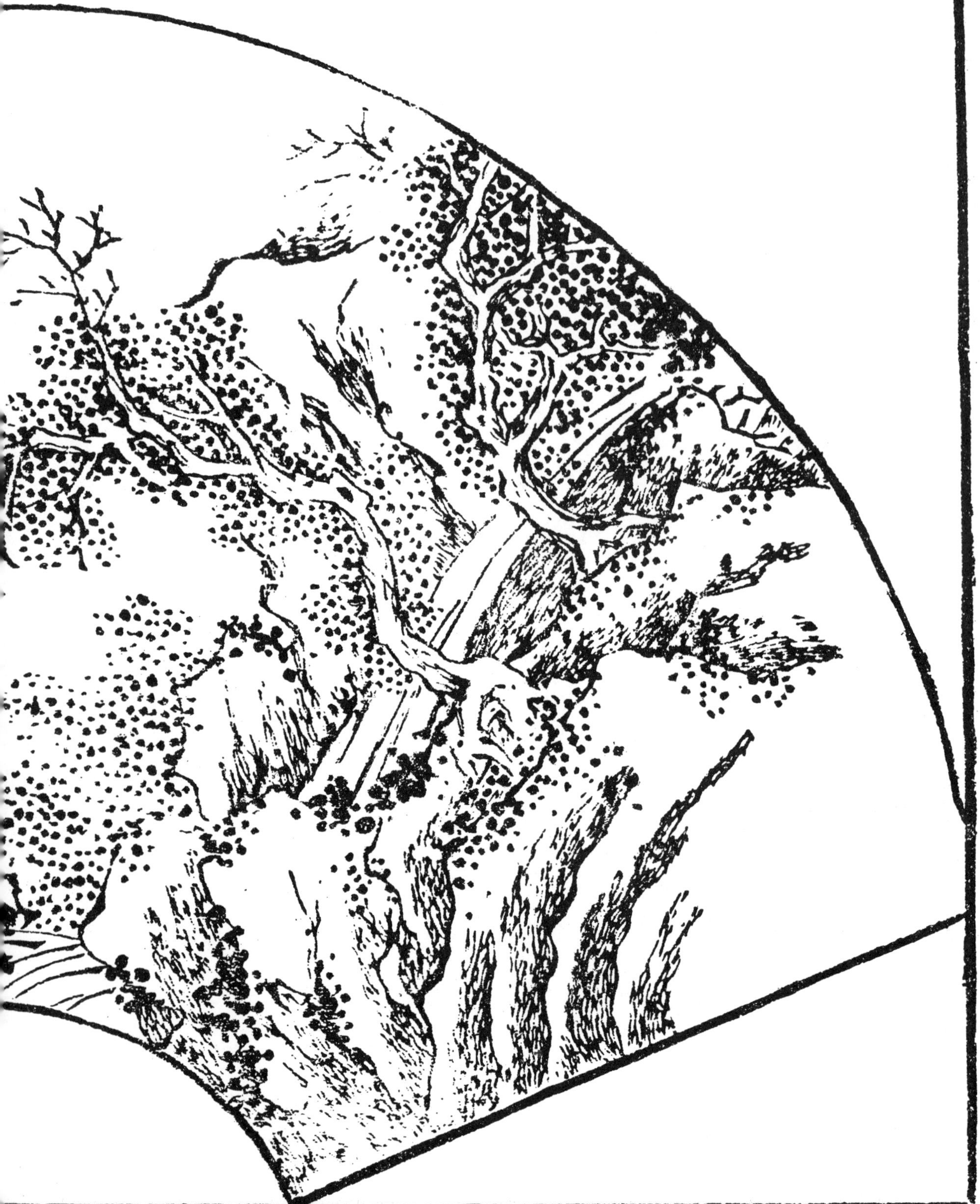

俗然流橋生
白雲色不半
急飛瀑布
羌老人

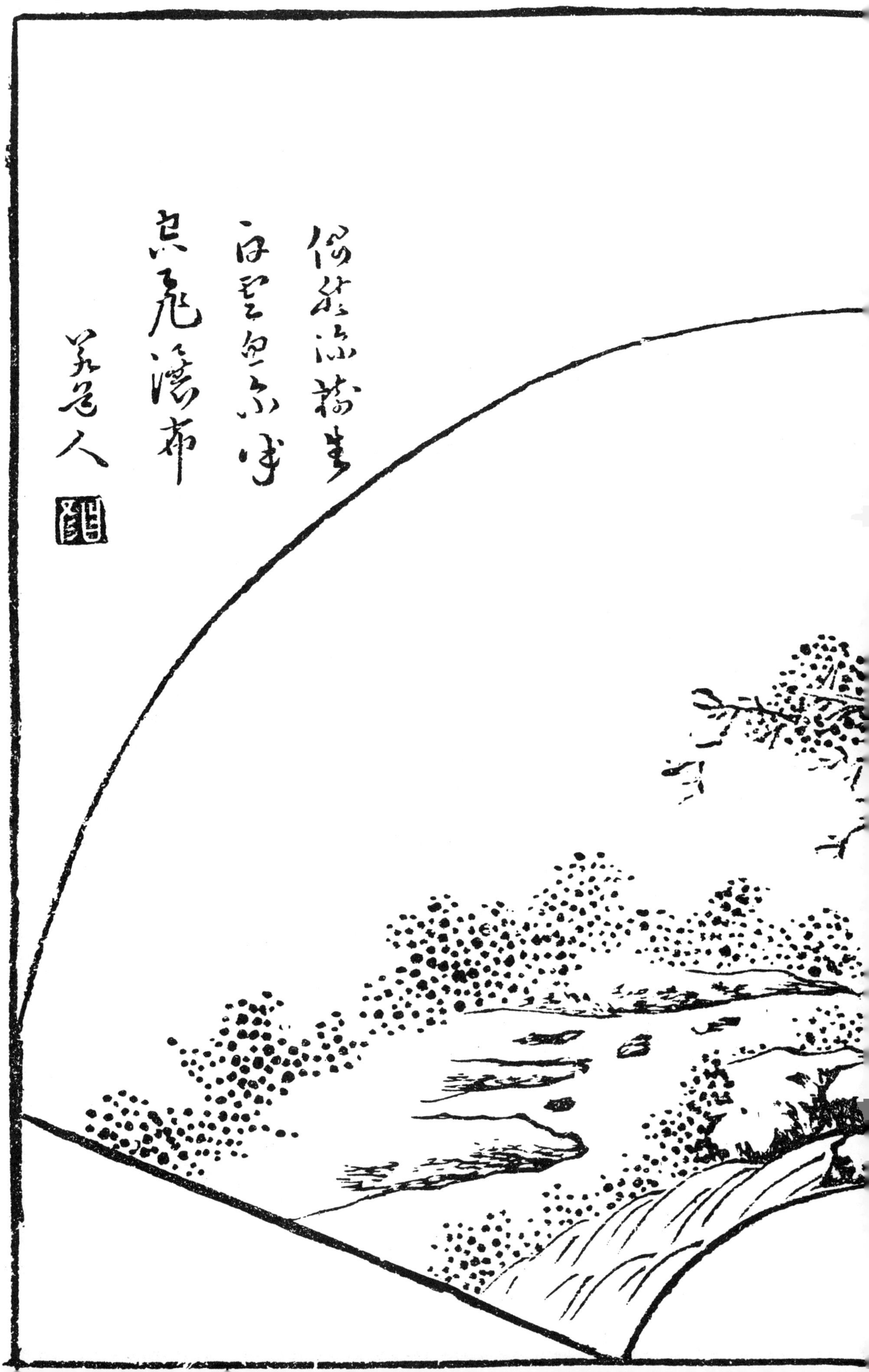

高樹曉還密
遠山晴

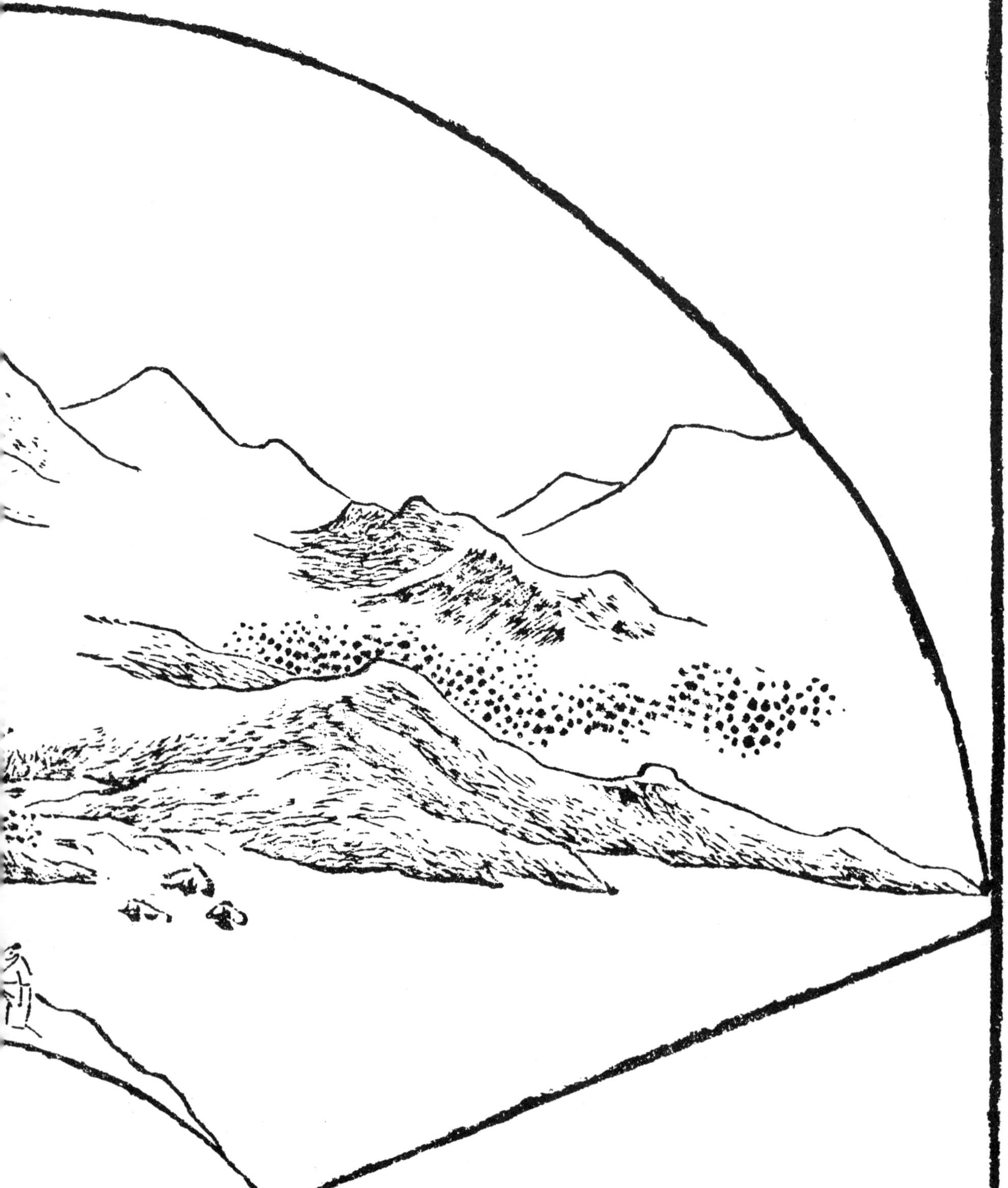

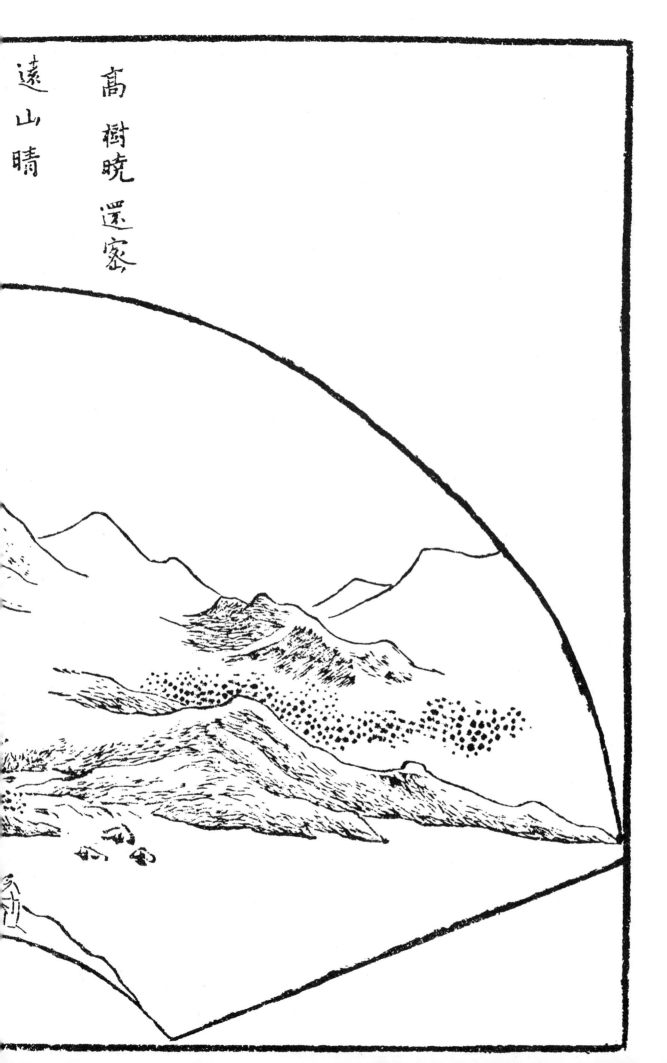

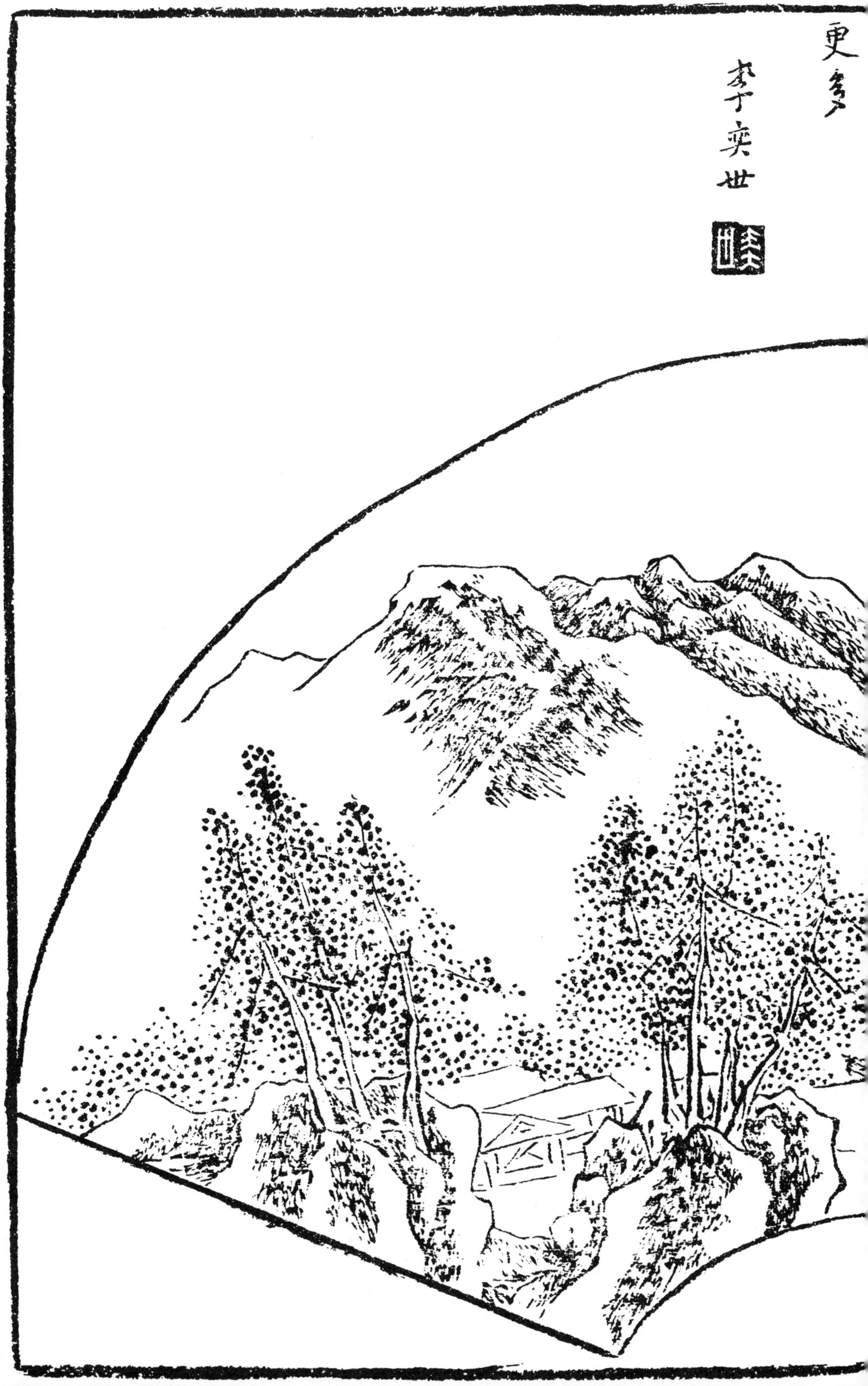
李奕世

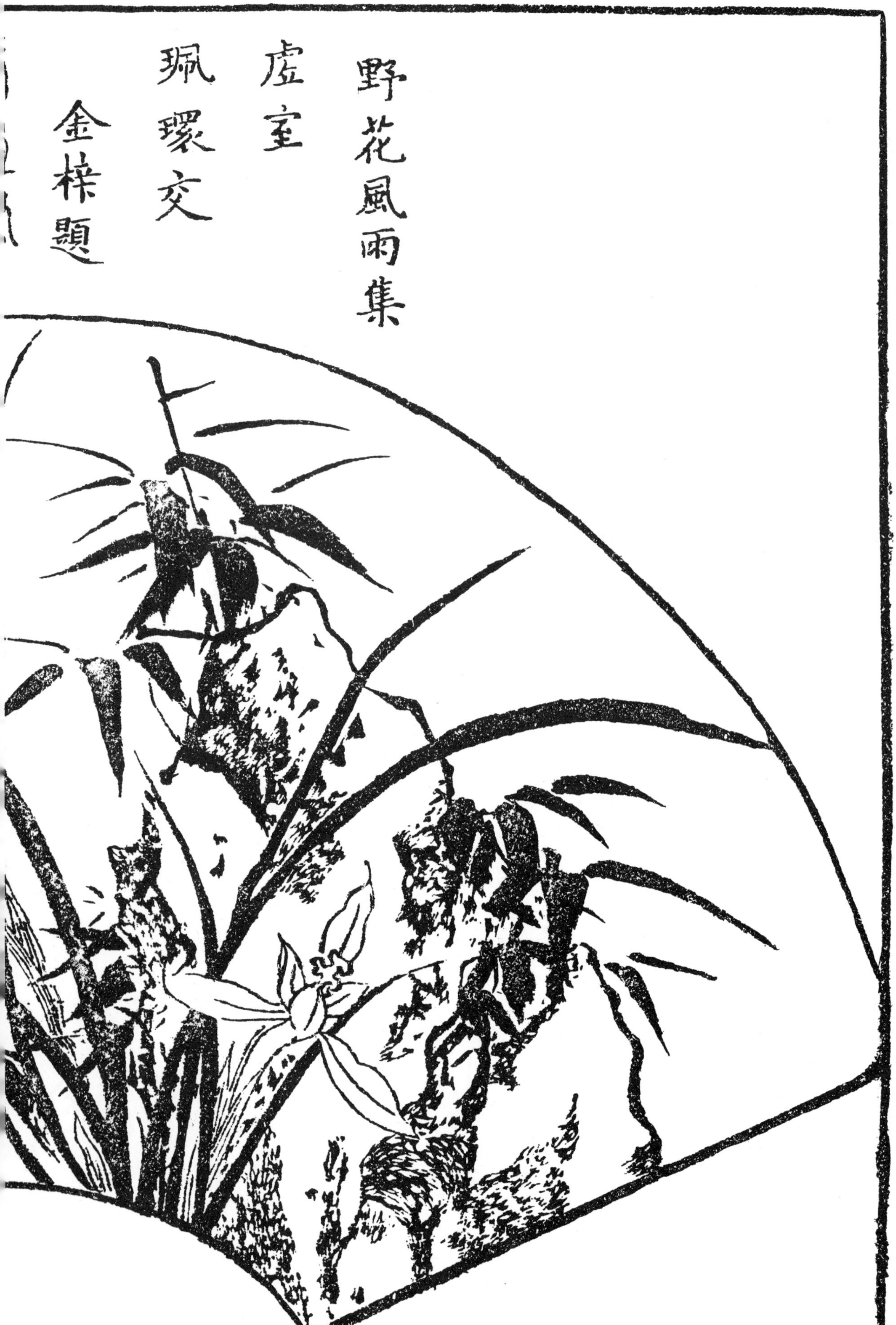
野花風雨集
虛室
珮環交
金棅題

内回　起端茶室　中□□□　□□□

米元肇

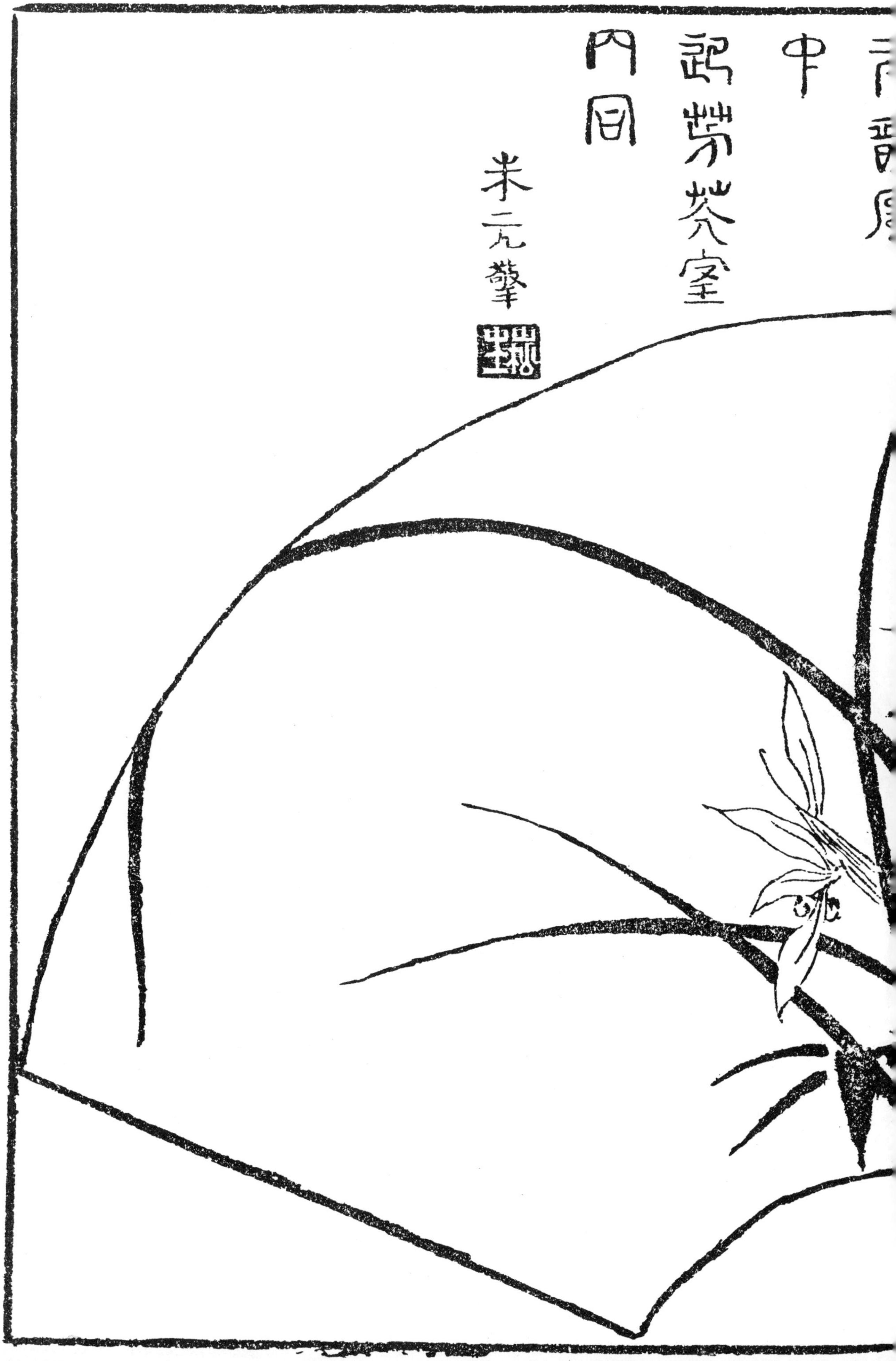

雲滿峰陰合
溪

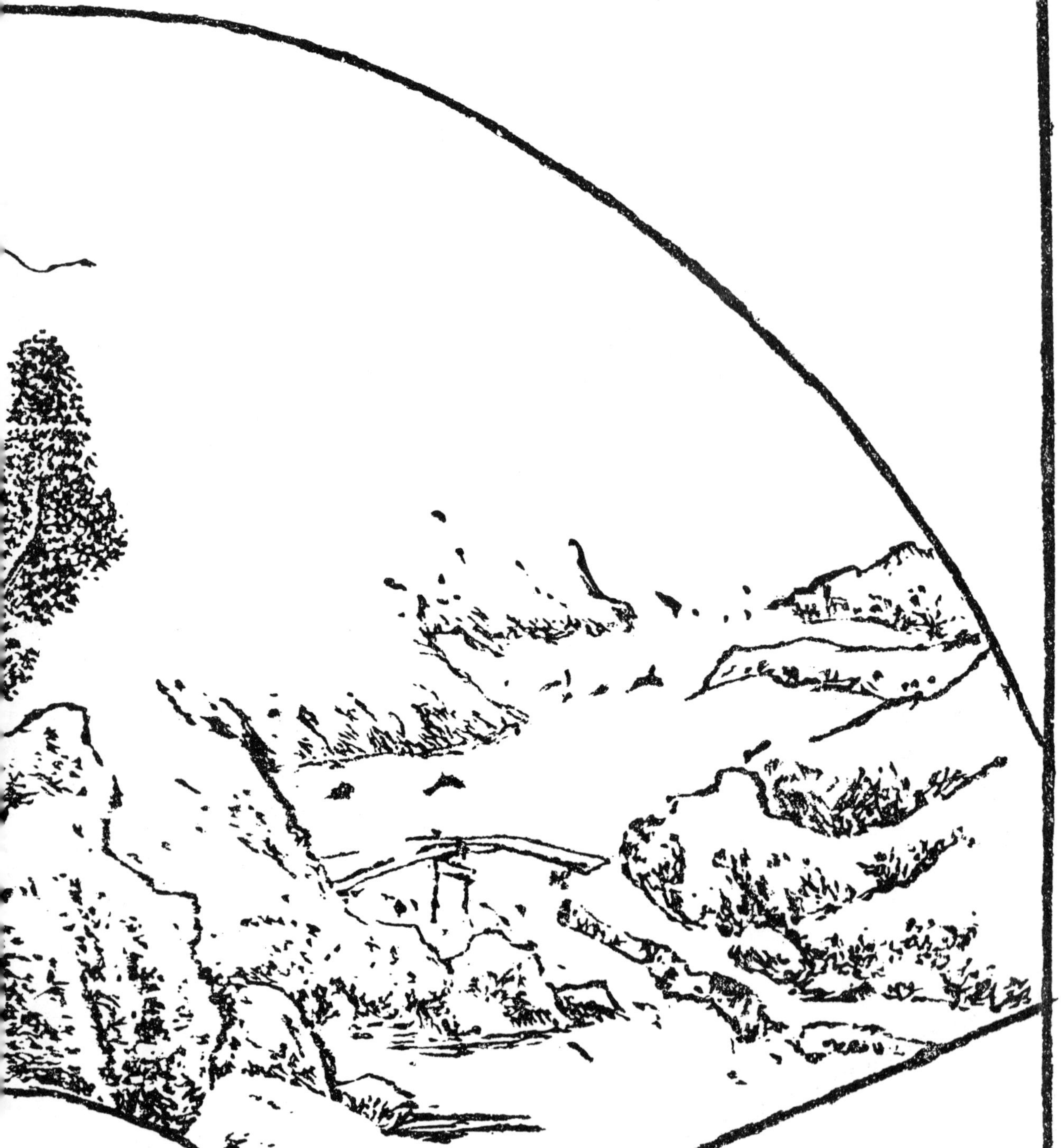

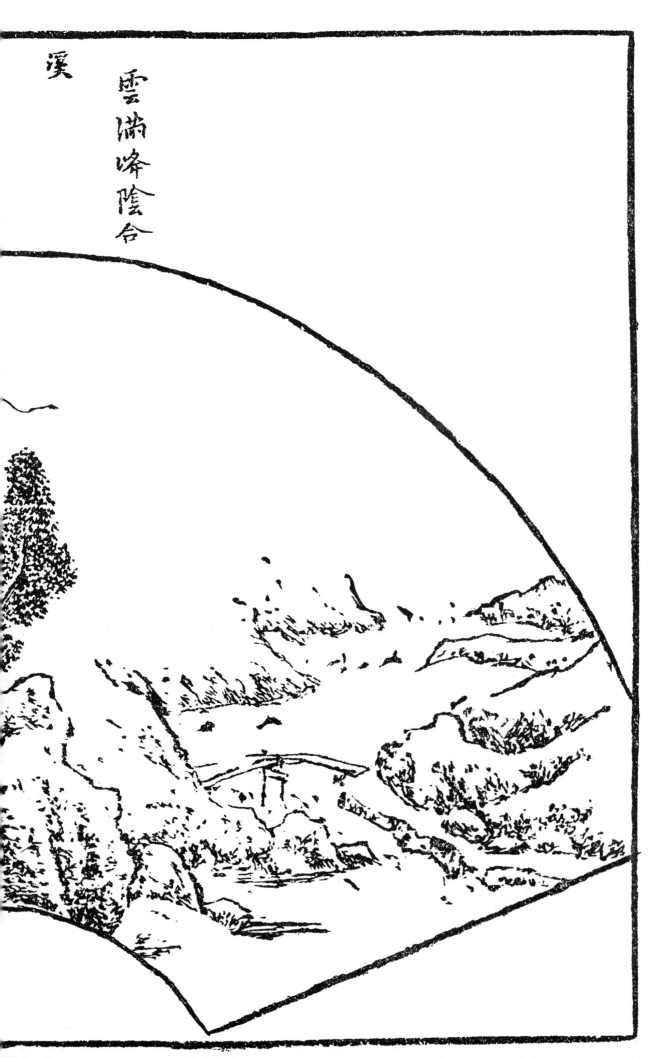

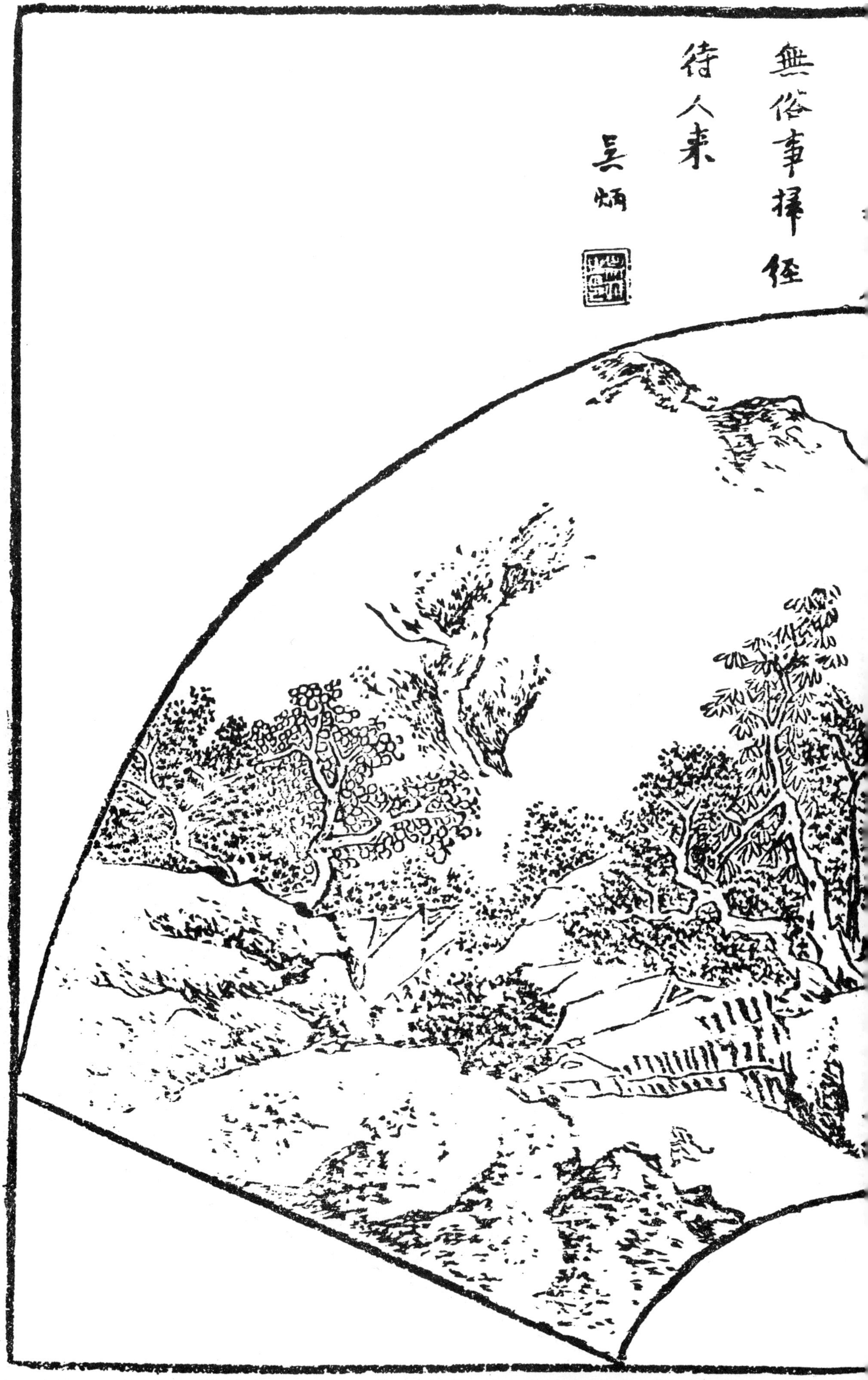
無俗事擇徑
待人来
吴炳

寫株松
禾臺
山石十里
日色

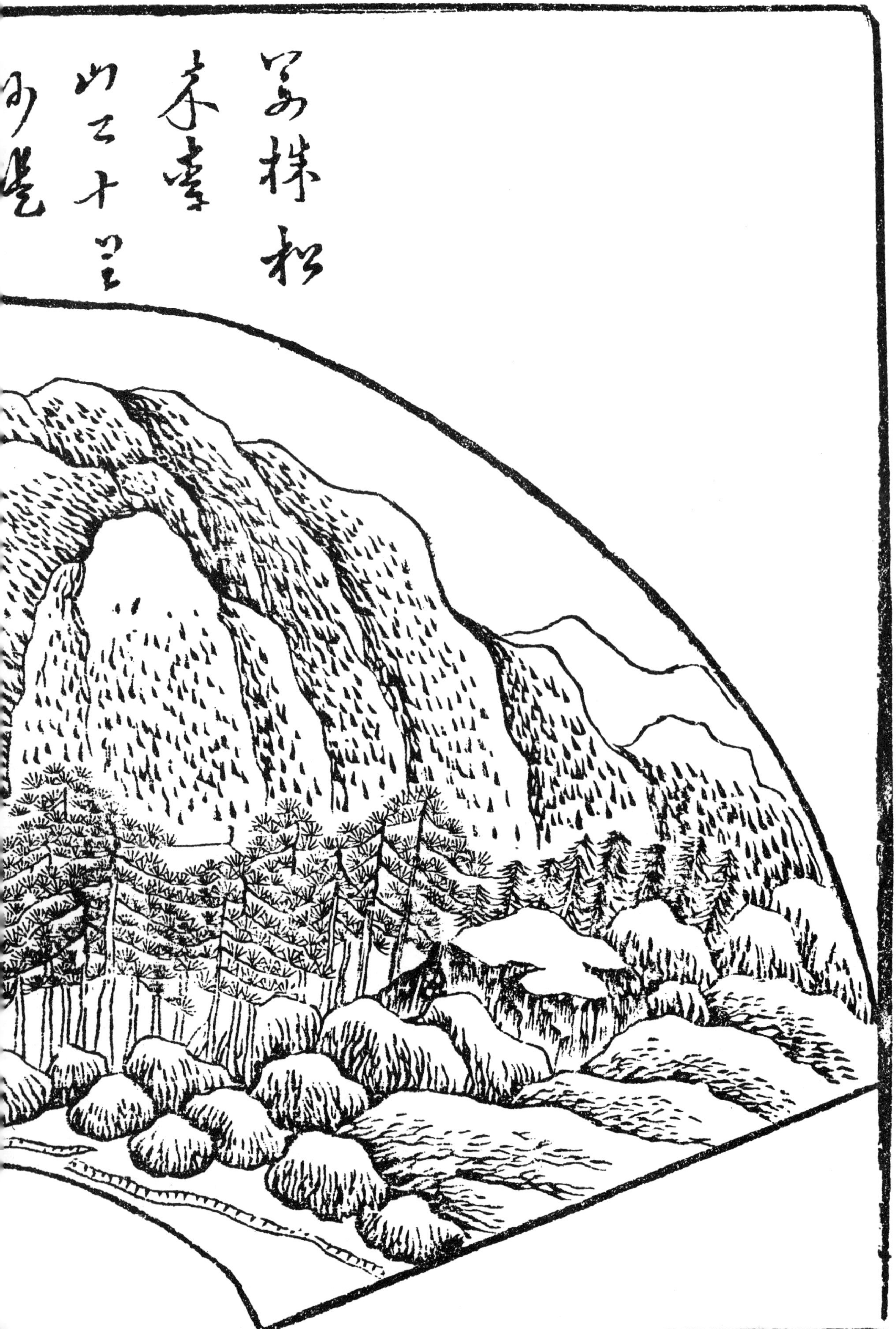

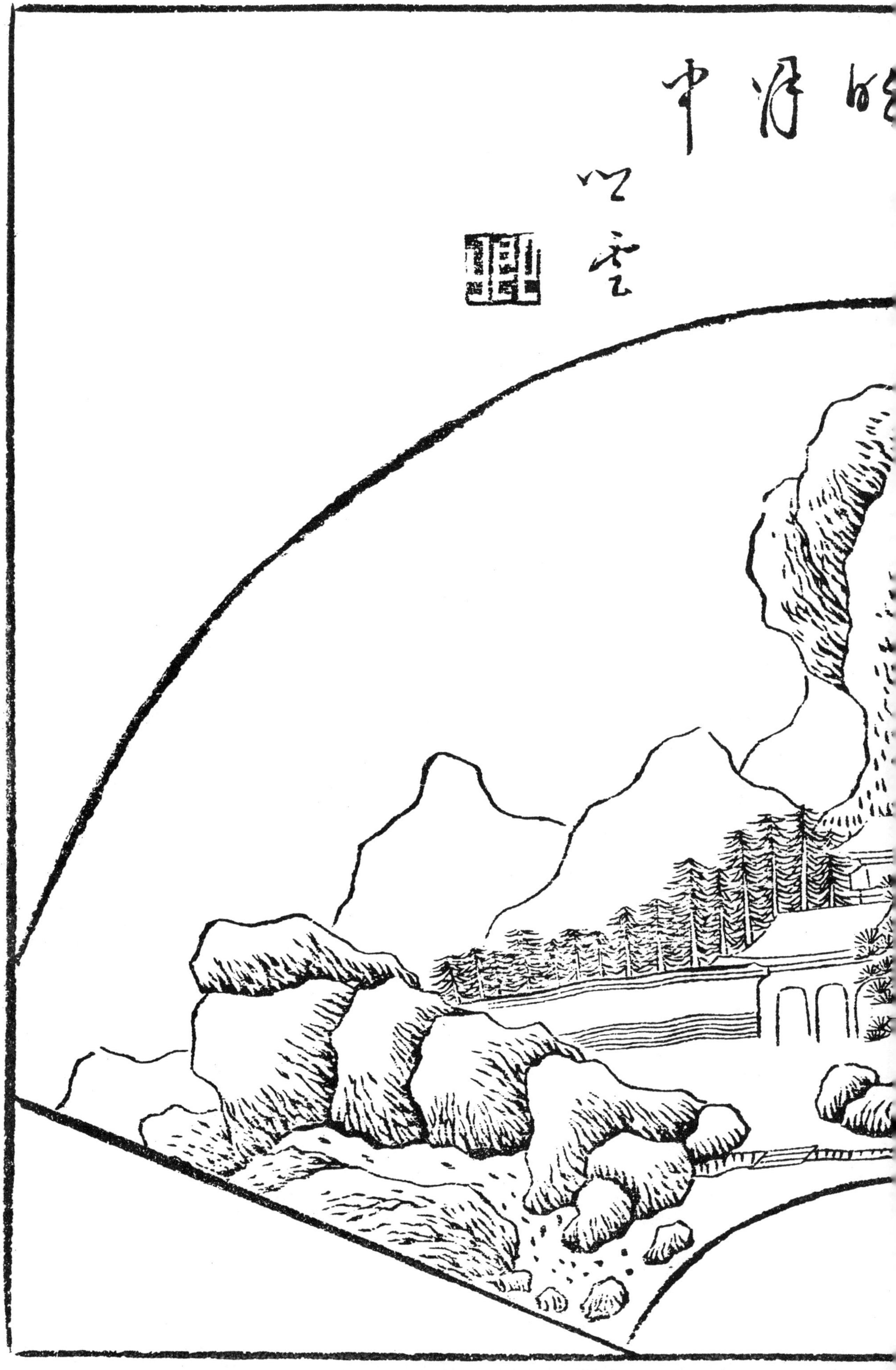

無人伴歸
路
獨自汲

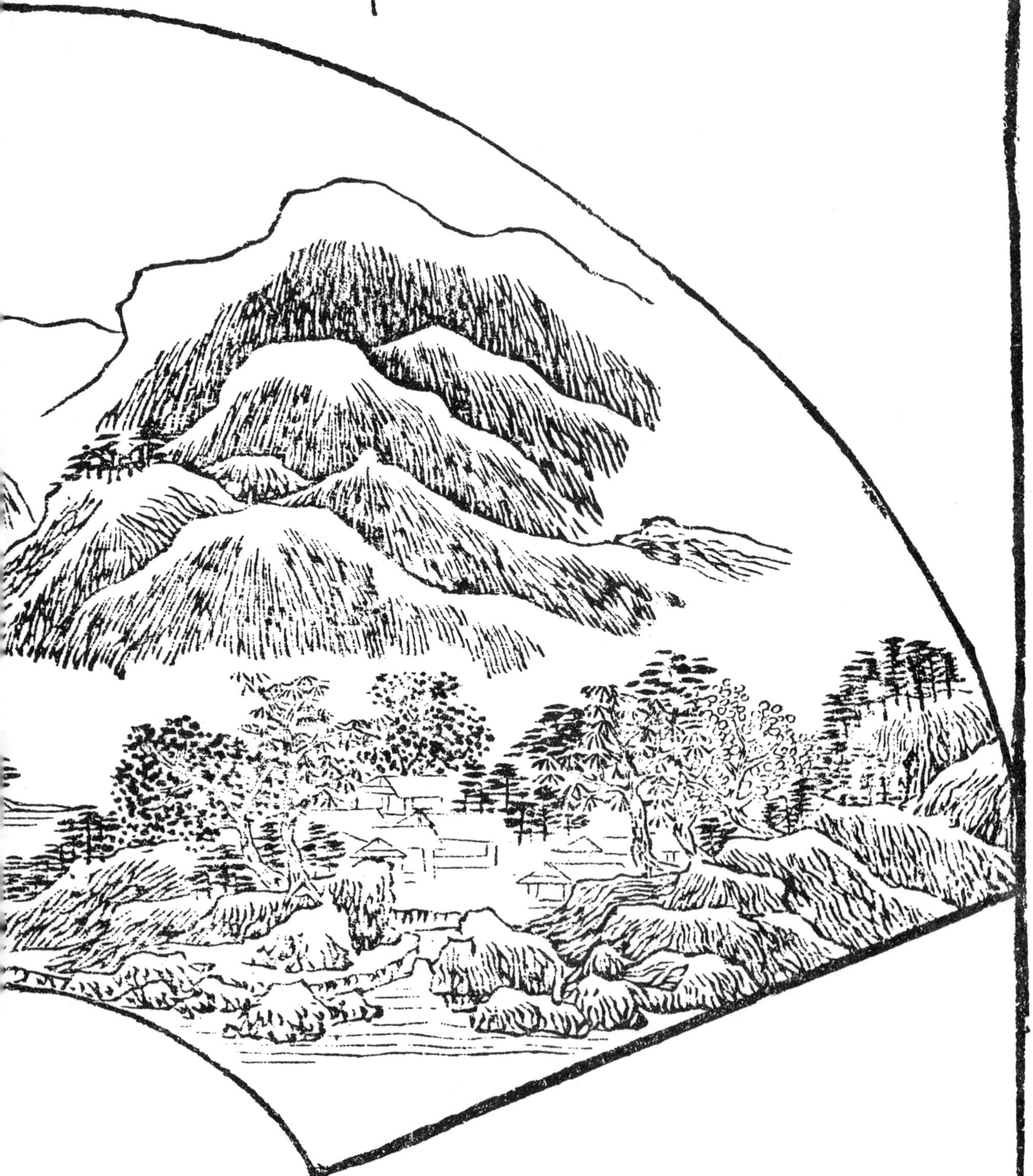

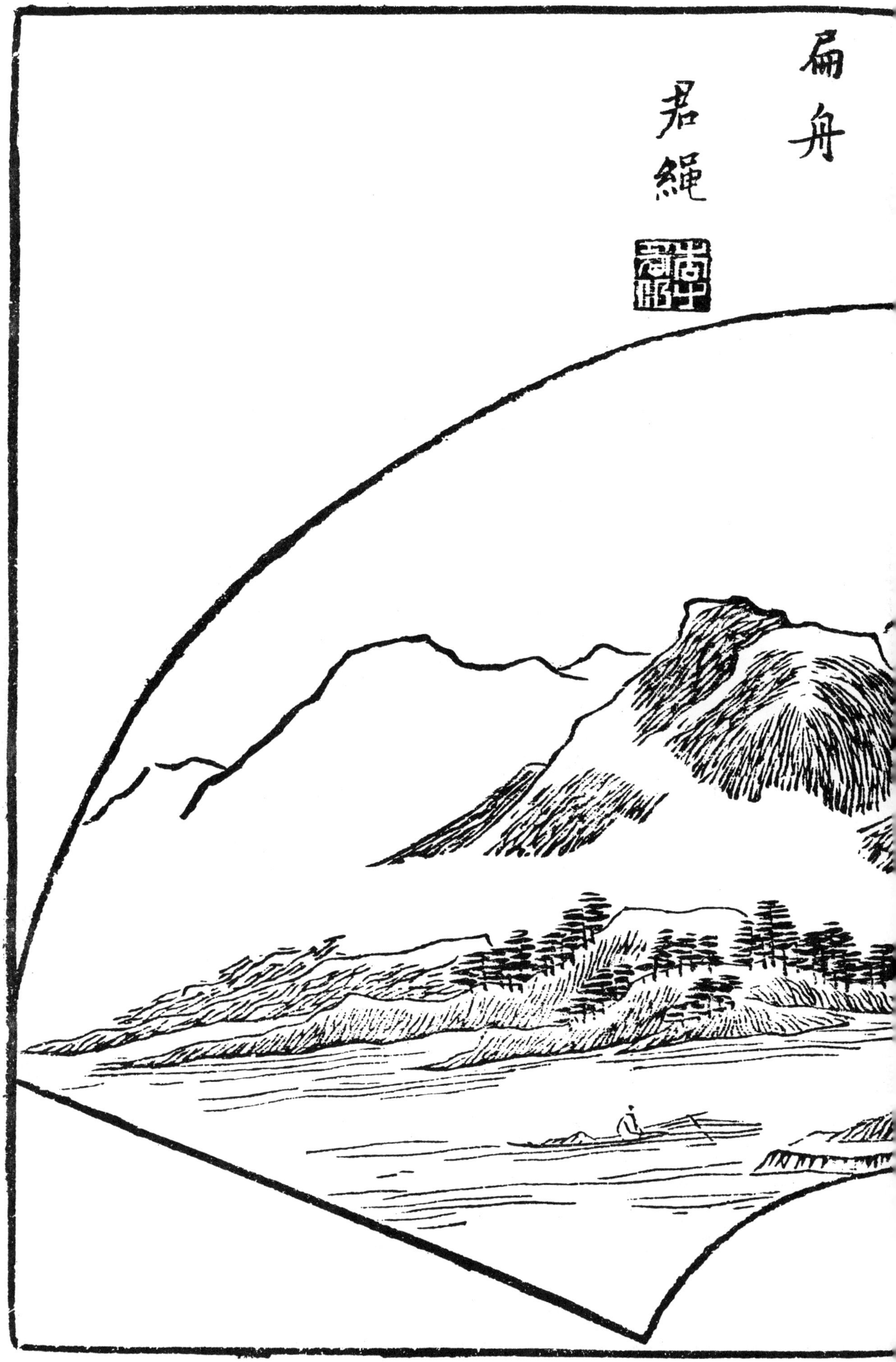
扁舟
君繩

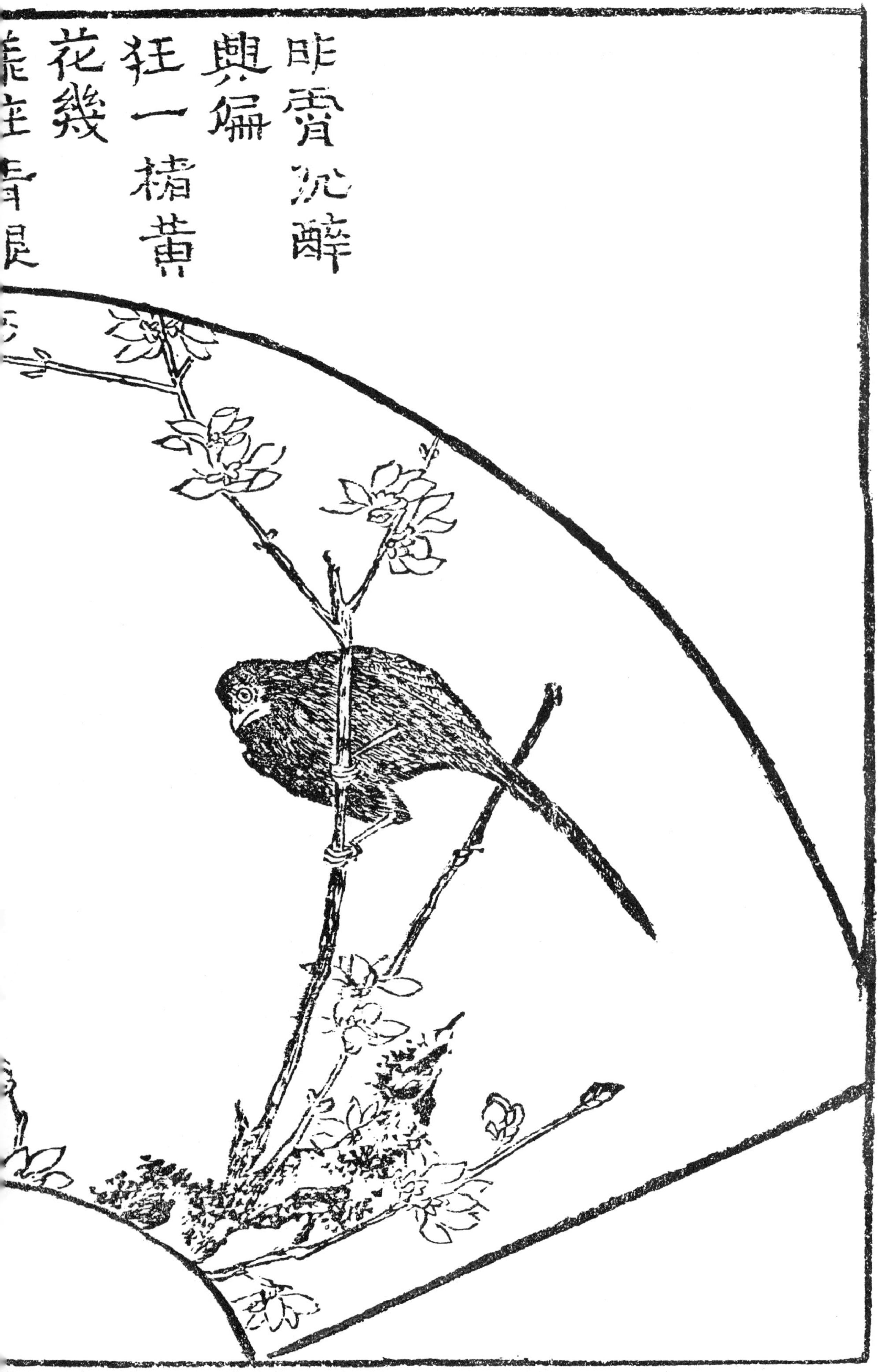
昨宵沈醉
與徧
狂一樯黄
花幾

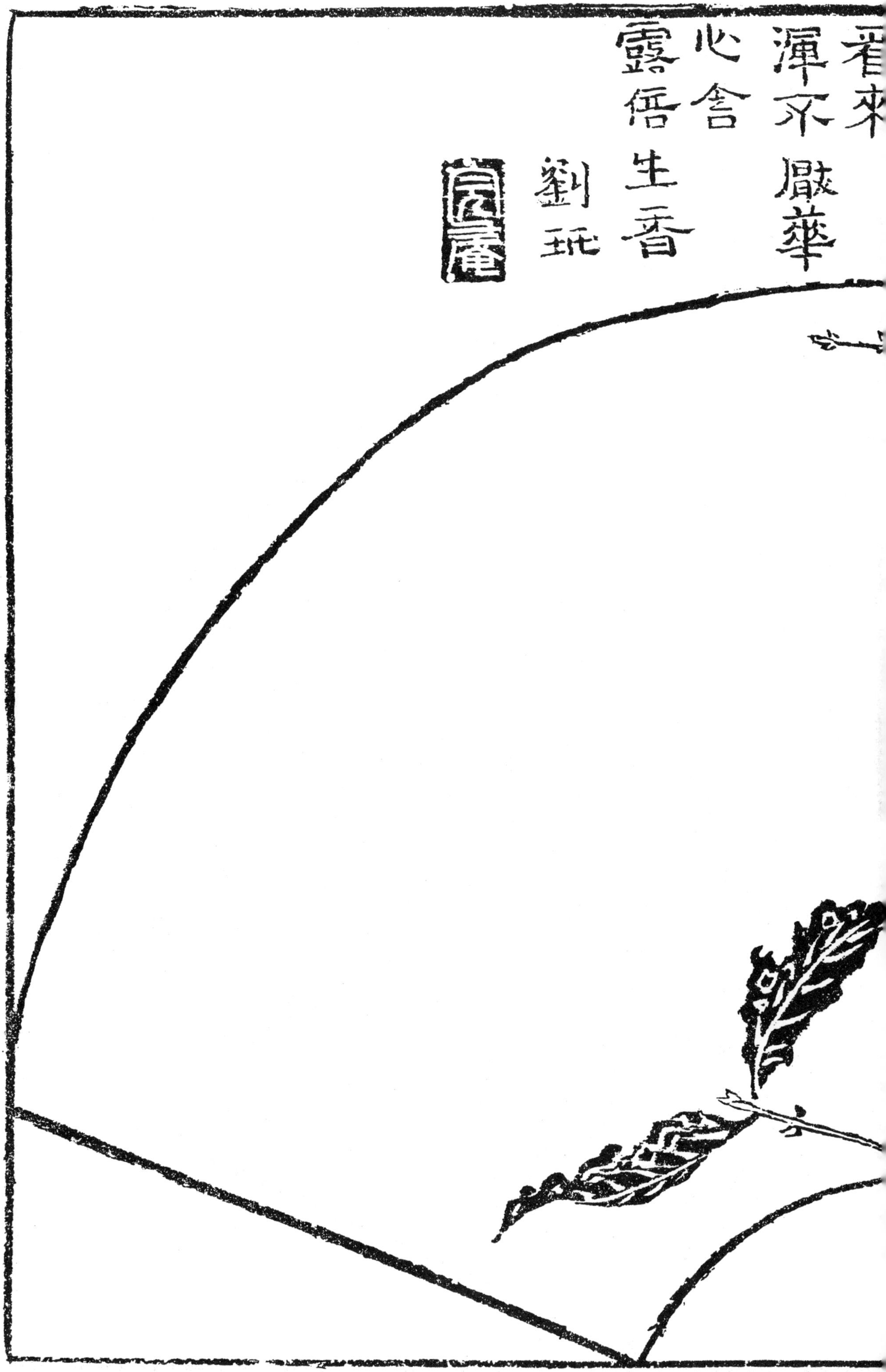
看來
渾不厭華
心含
露倍生香
劉玩

虎松落落不受暑[illegible]

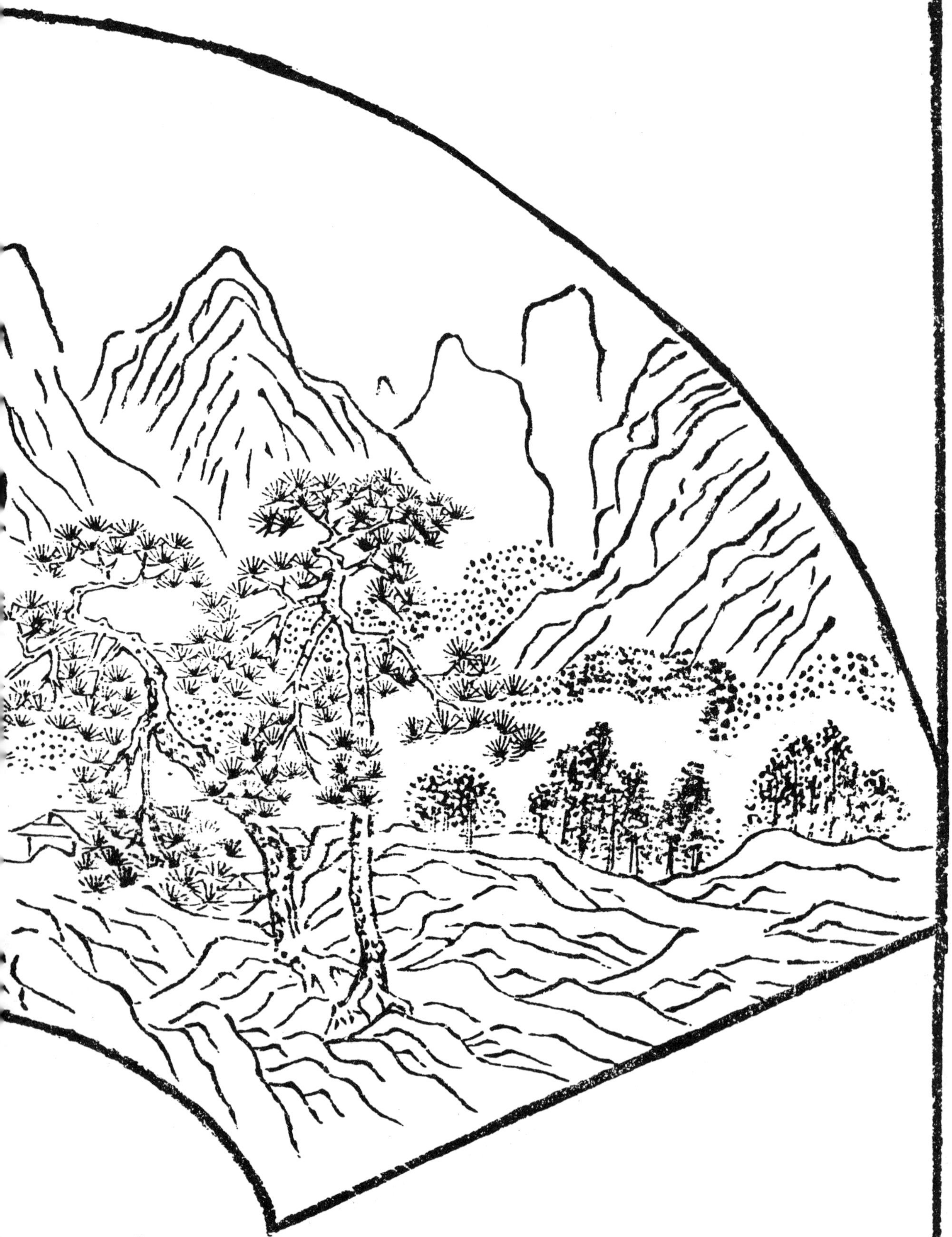

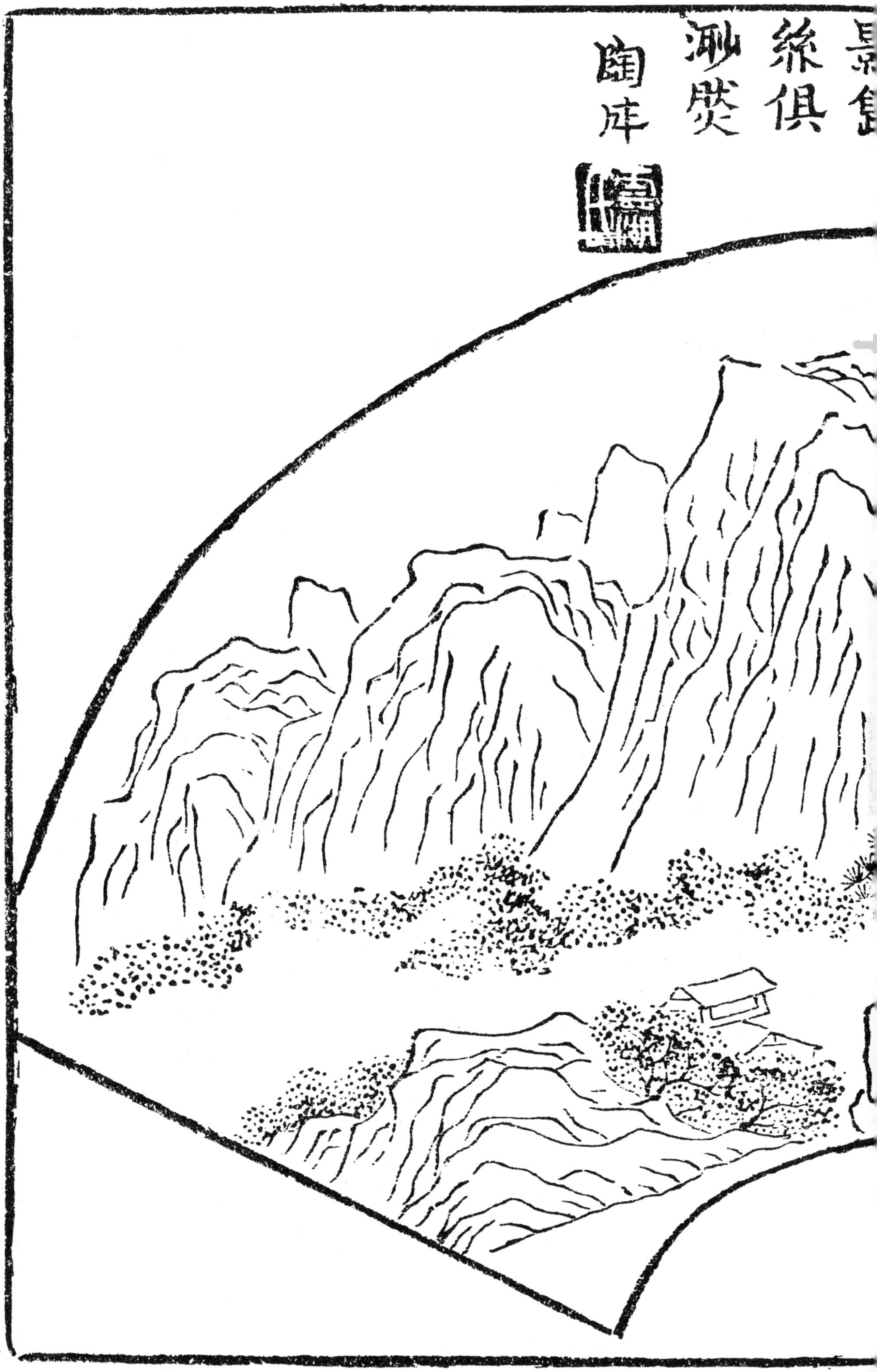
絲俱
陶庠

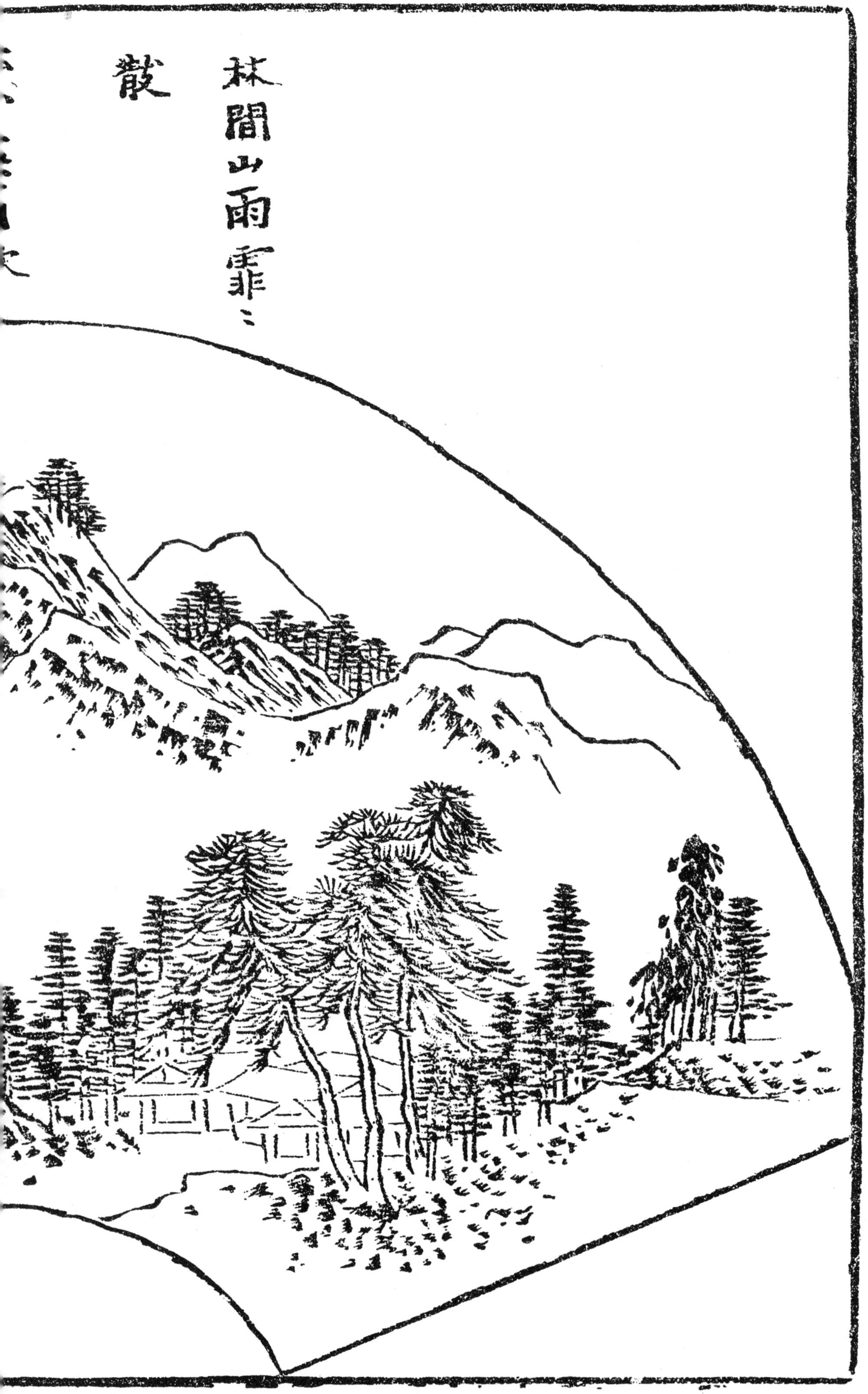
林間山雨霏霏散

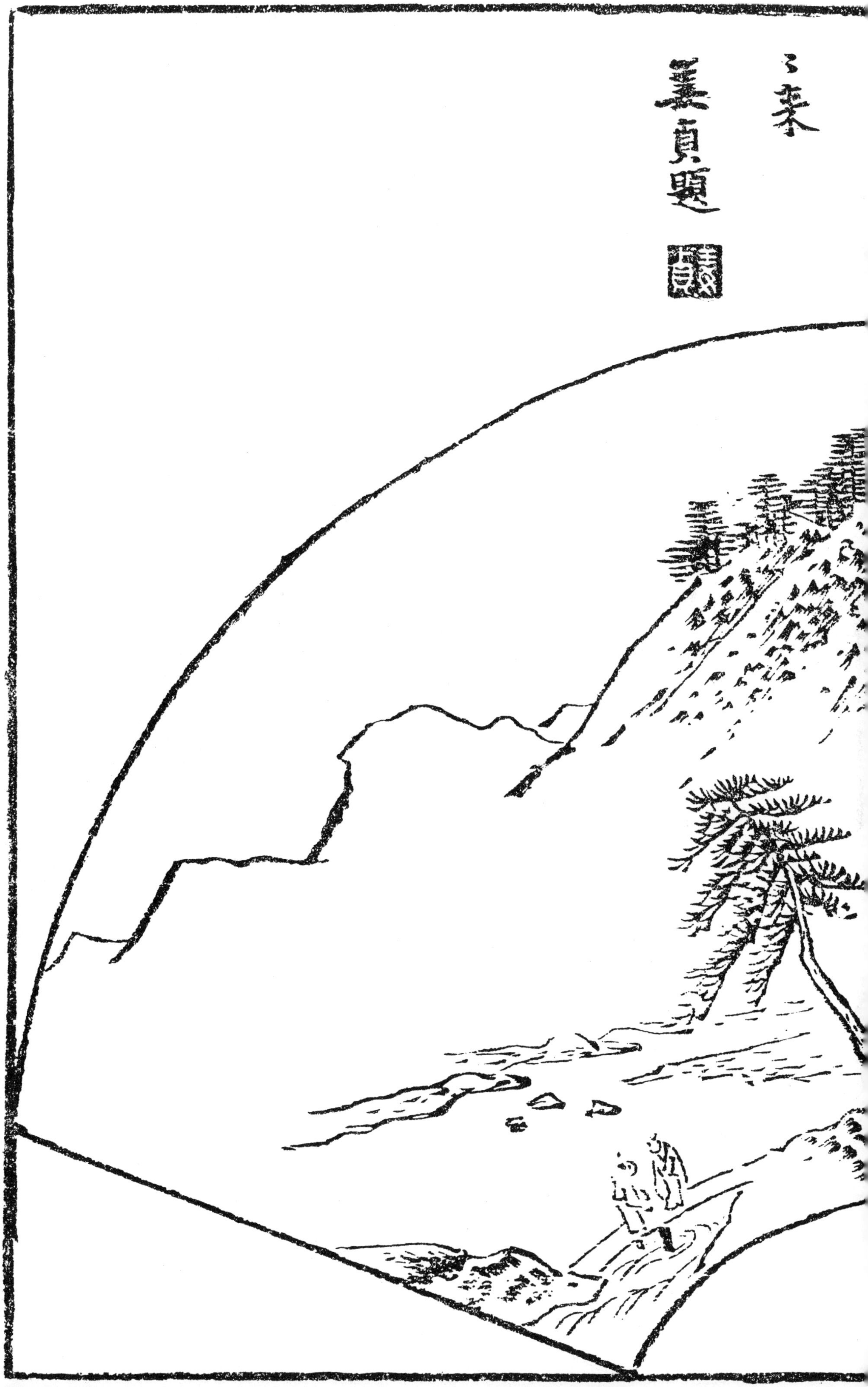
姜貞題

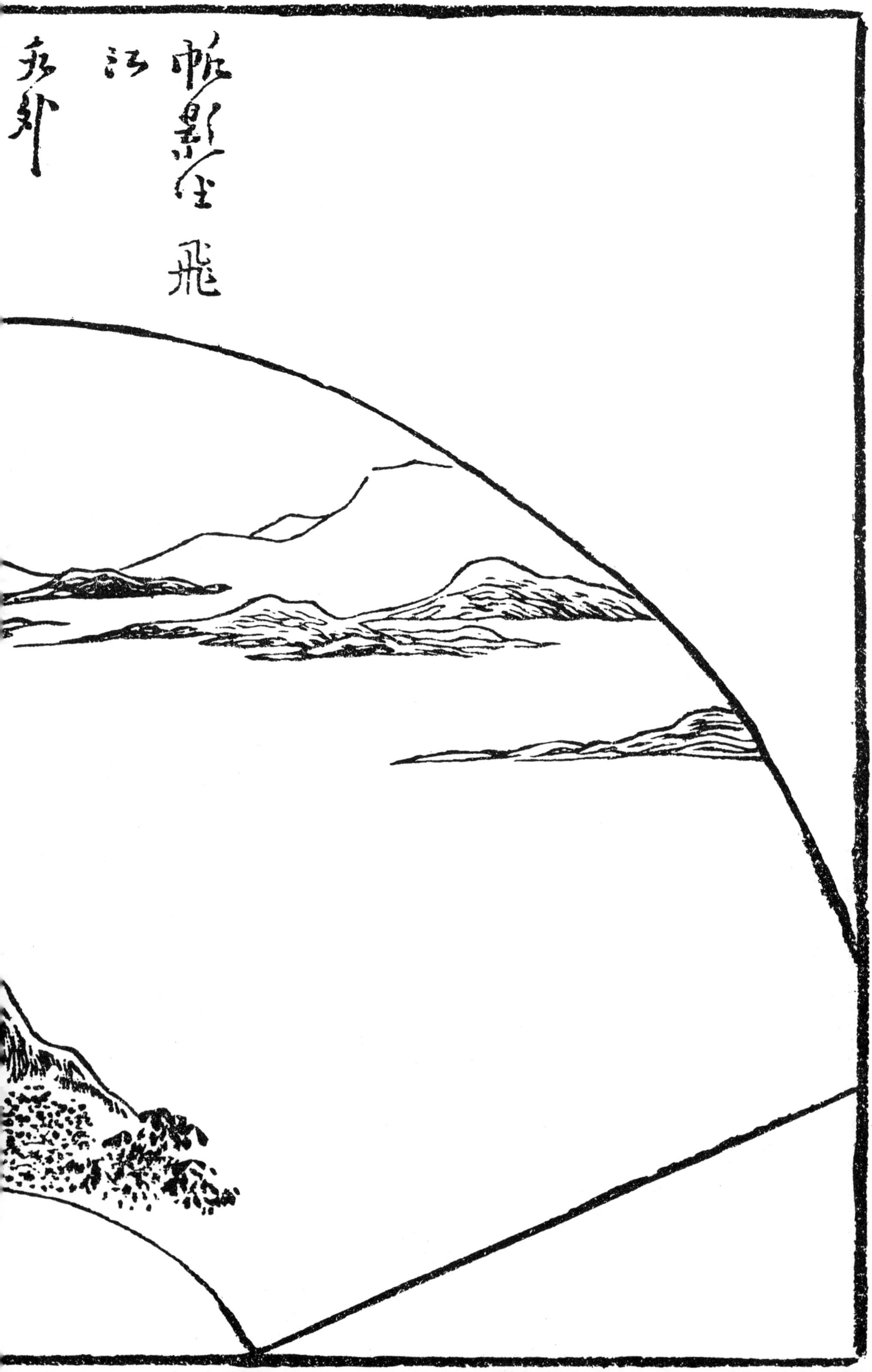
帆影空飛

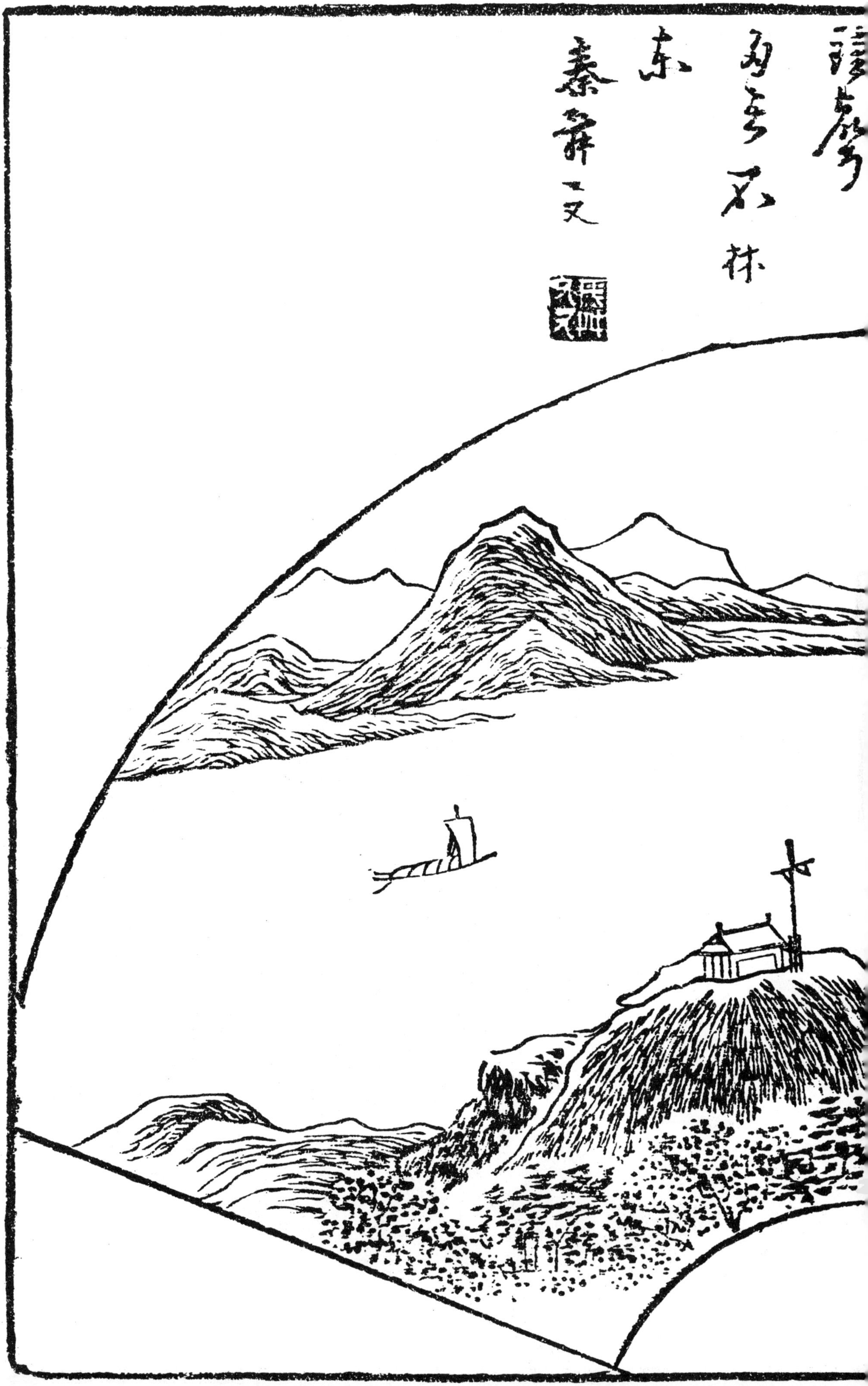

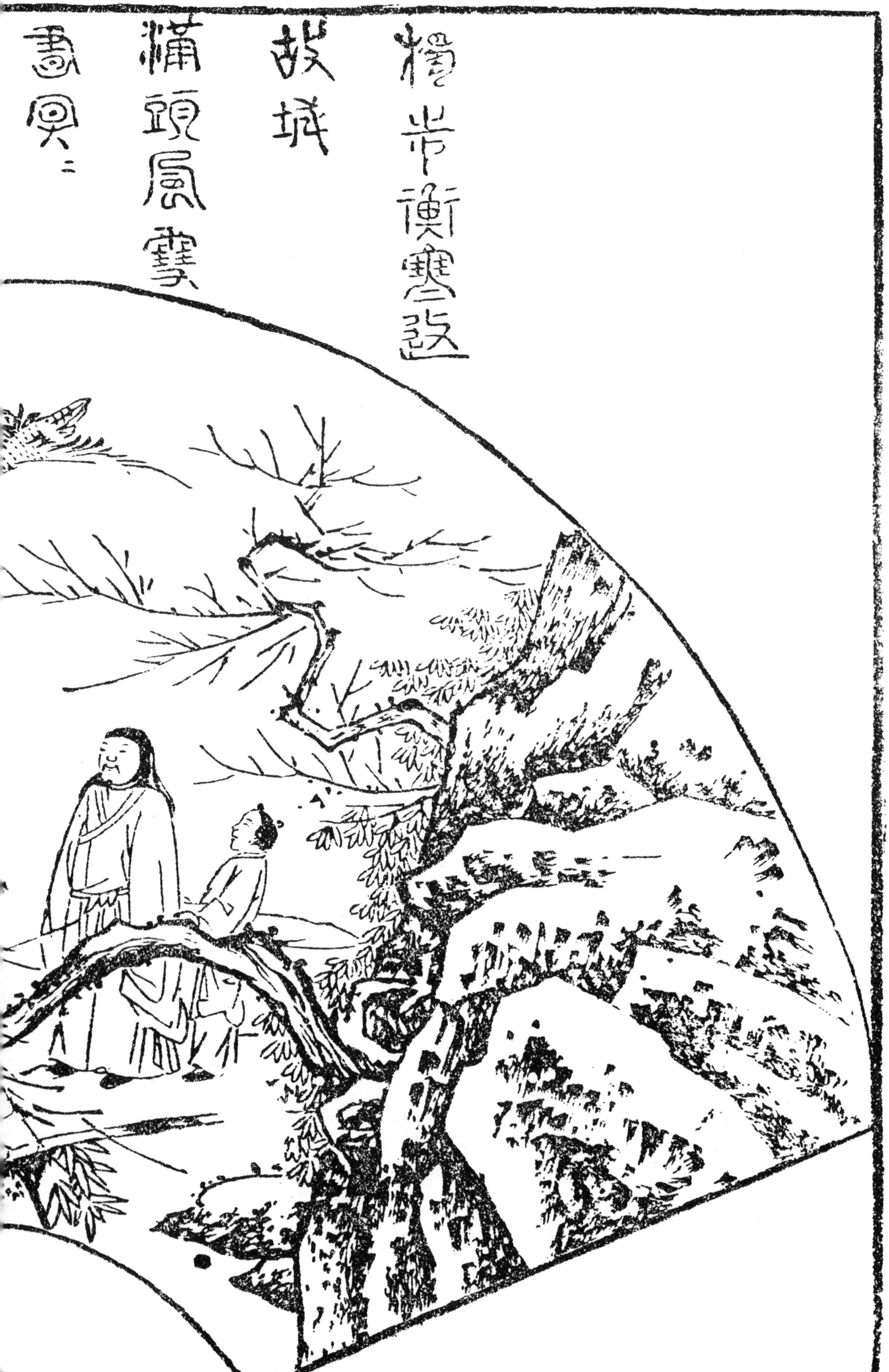
檣帶衡雲起
故城
蒲頭風雪
晝冥ニ

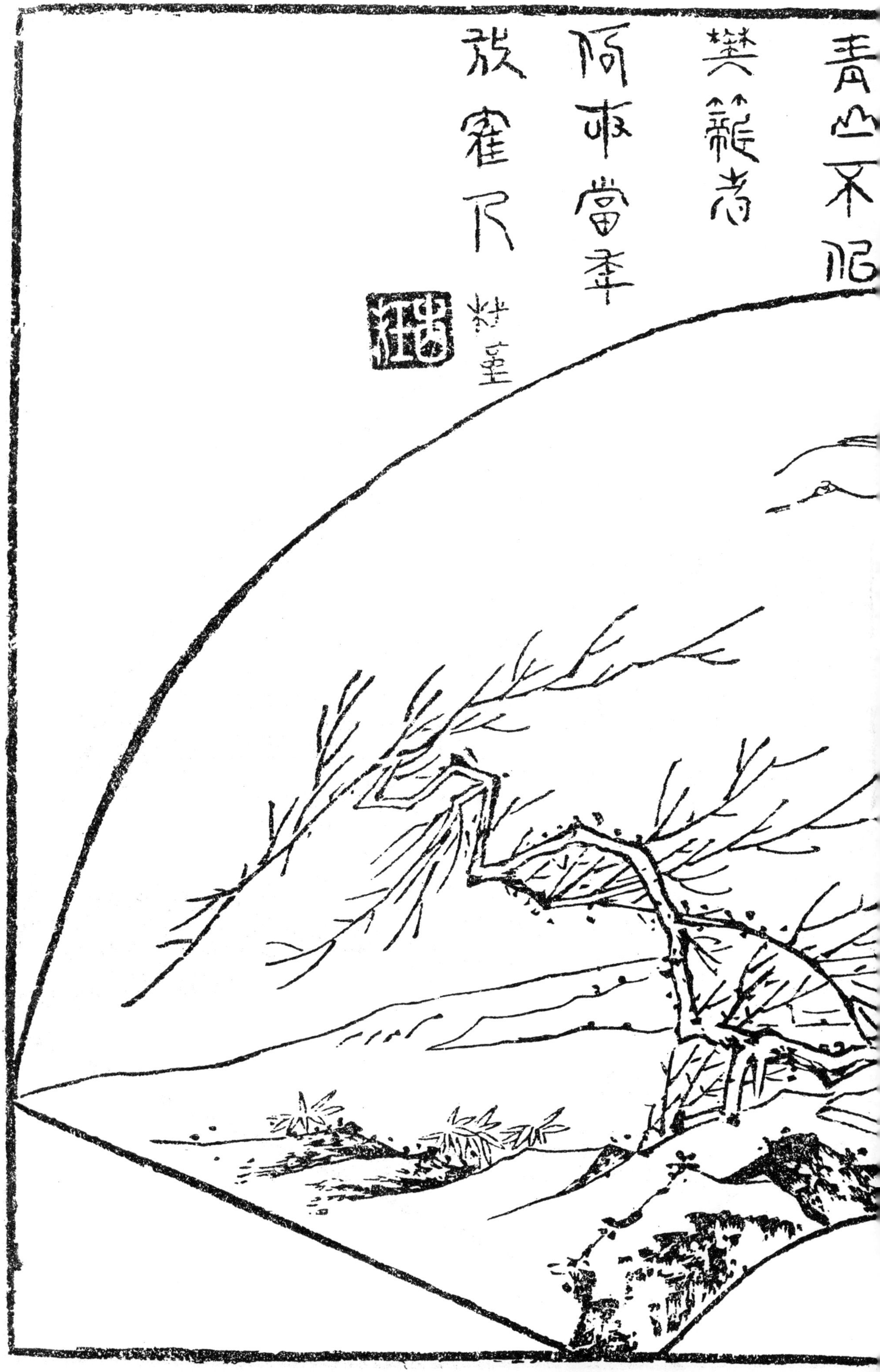
青山不
樊籠者
何不當年
杜堇

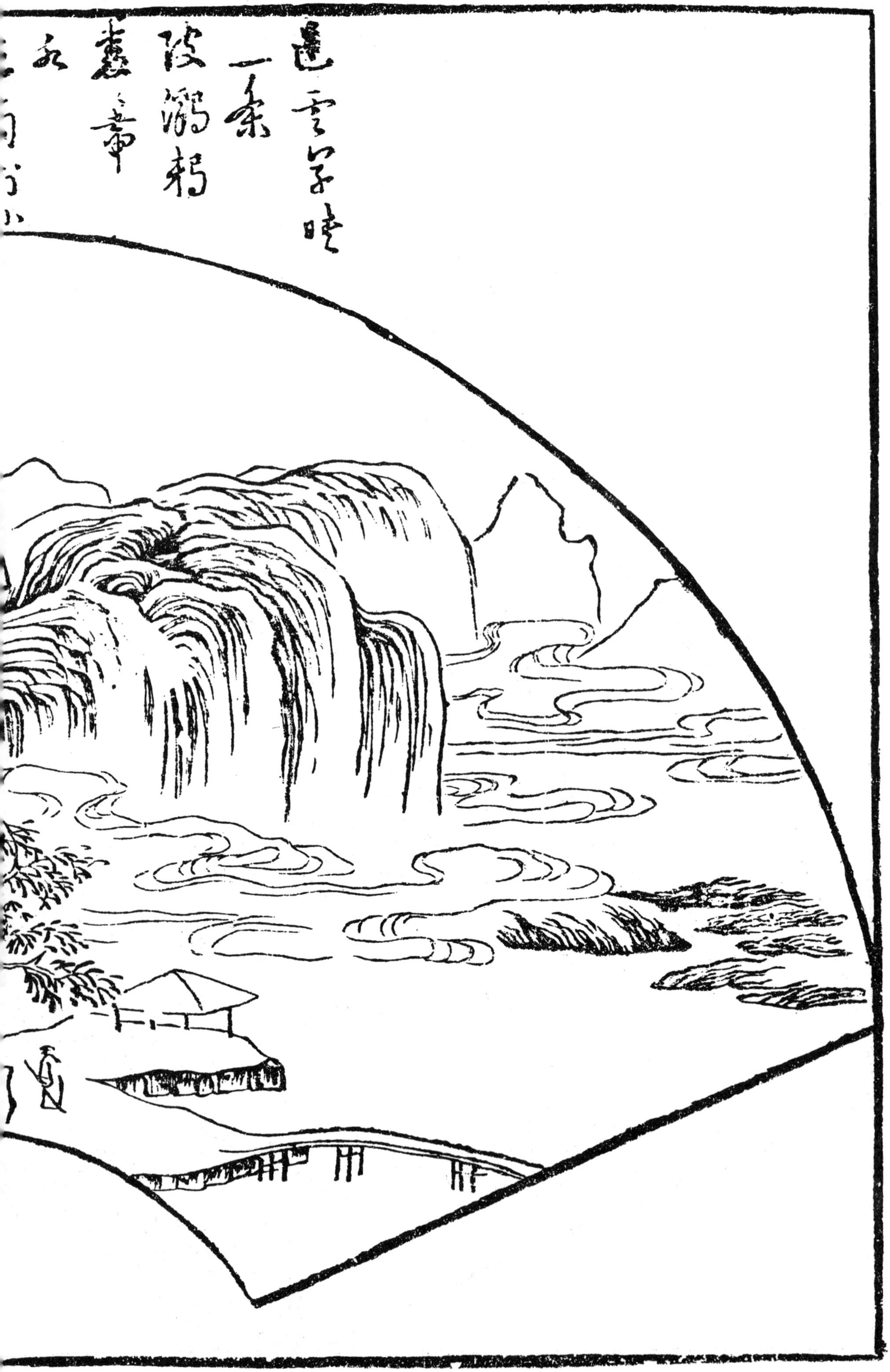

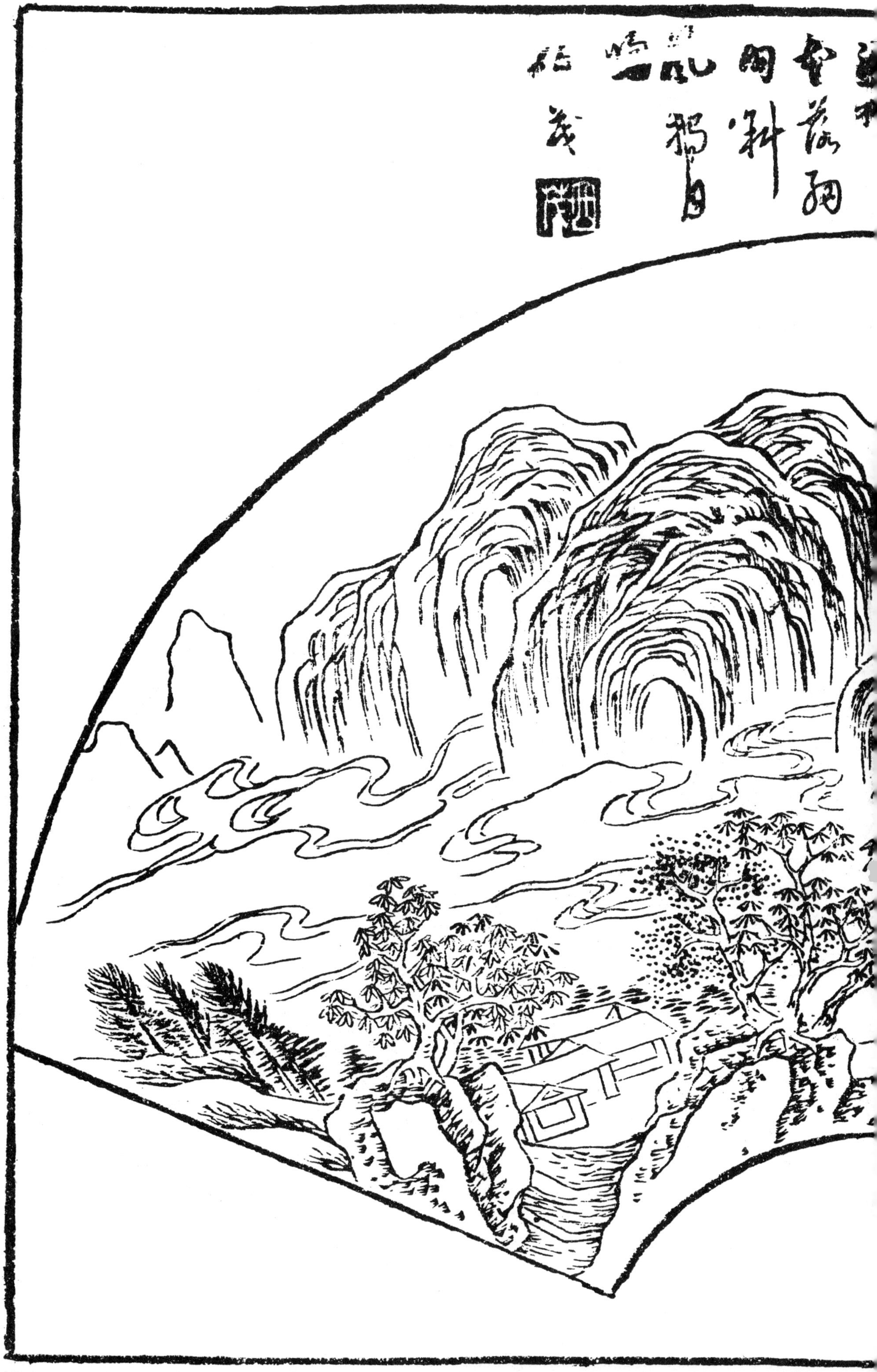

[illegible]之排謂人之治室也必使之有餘地而脩身也必使之有餘行如復積其餘寧有涯[illegible][illegible]令能以物之餘

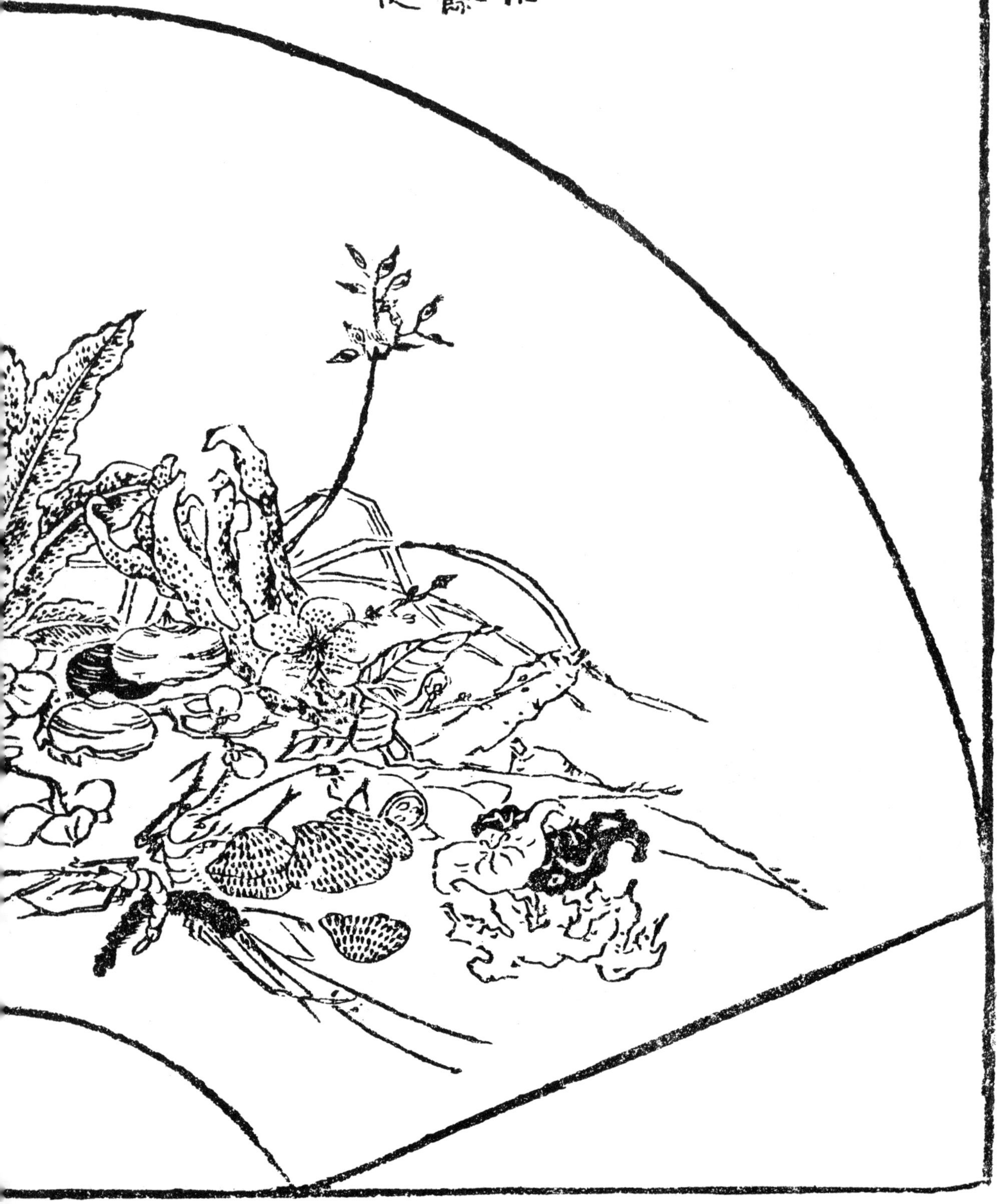

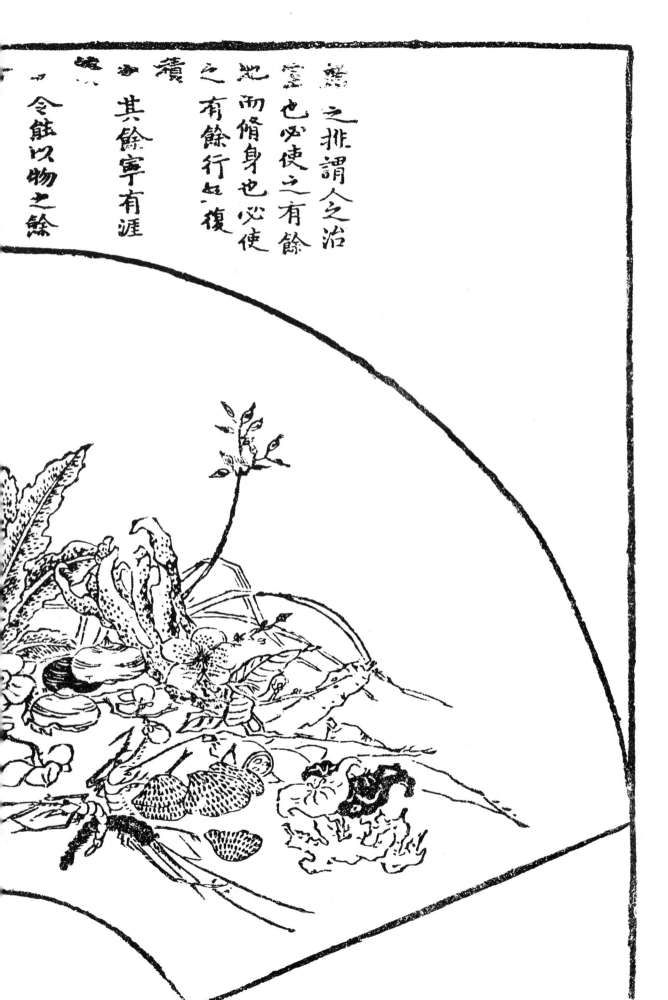

其出村山良之傍

蔬

自 遂所以副造化

三

生之意也能盡物之

性者其功用亦可

與天地參矣

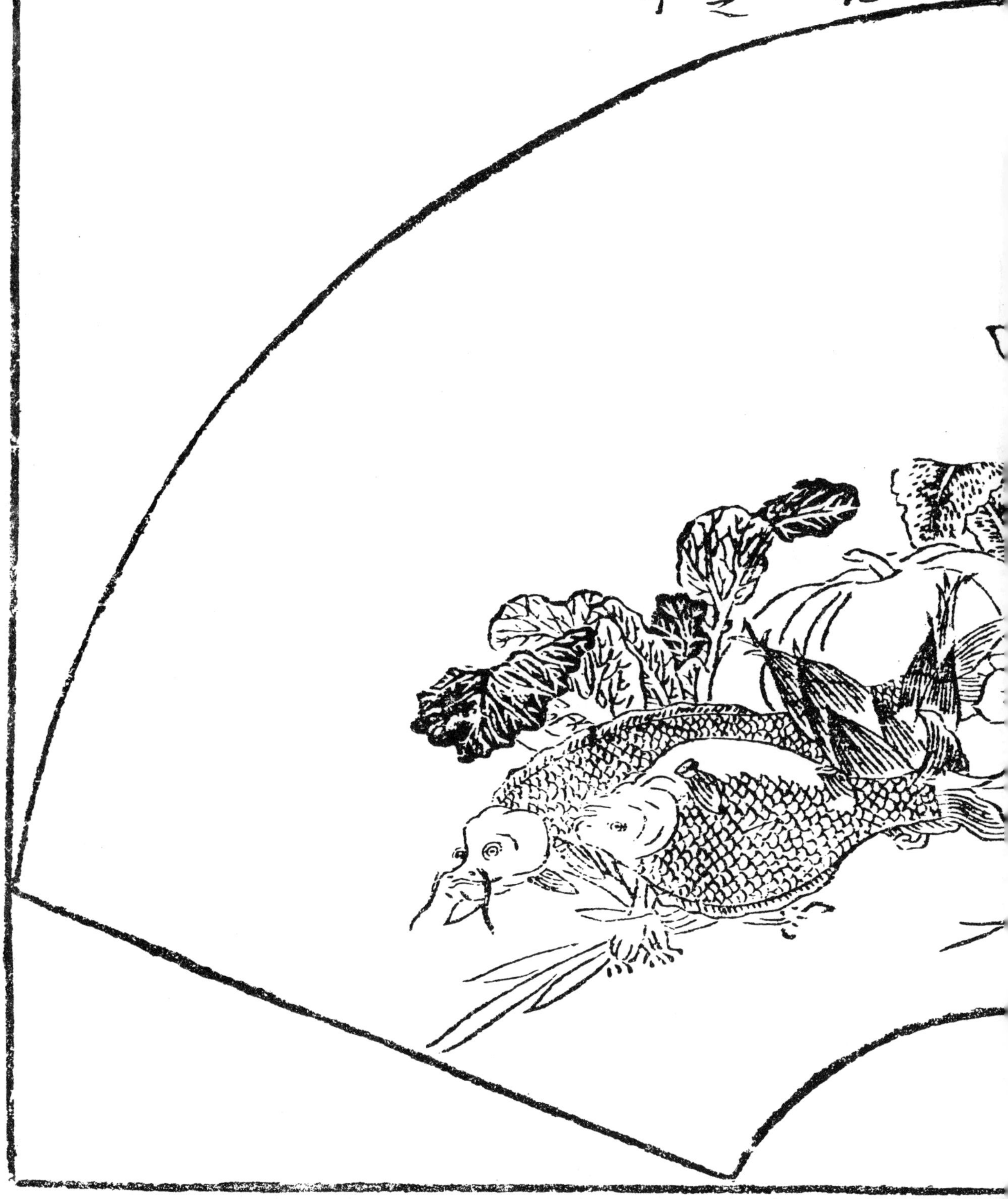

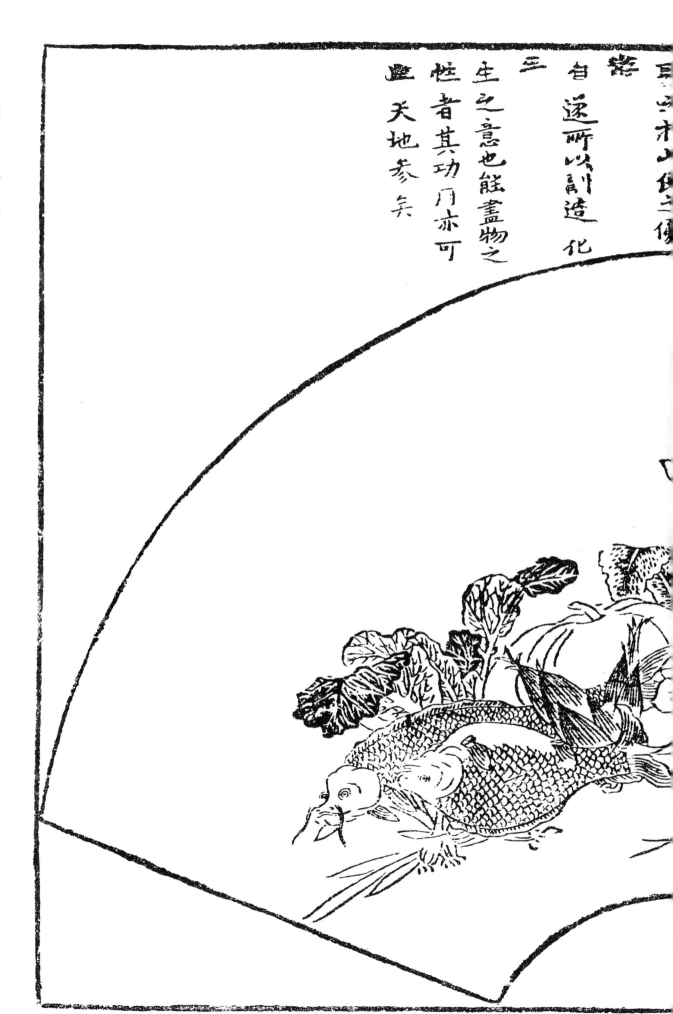

圖書在版編目（CIP）數據

集雅齋畫譜．張白雲選名公扇譜 /（明）黄鳳池編．--
杭州 ：浙江人民美術出版社，2018.1
（畫譜叢刊）
ISBN 978-7-5340-6380-0

Ⅰ．①集… Ⅱ．①黄… Ⅲ．①版畫－作品集－中國－
明代 Ⅳ．①J227

中國版本圖書館CIP數據核字(2017)第302441號

責任編輯：楊　晶
責任校對：余雅汝
封面設計：傅笛揚
責任印製：陳柏榮

集雅齋畫譜・張白雲選名公扇譜
〔明〕黄鳳池　編

出版發行　浙江人民美術出版社
地　　址　杭州市體育場路347號
電　　話　0571-85176089
網　　址　http://mss.zjcb.com
經　　銷　全國各地新華書店
製　　版　杭州美虹電腦設計有限公司
印　　刷　浙江興發印務有限公司
開　　本　889mm×1194mm　1/16
印　　張　6
版　　次　2018年1月第1版・第1次印刷
書　　號　ISBN 978-7-5340-6380-0
定　　價　25.00圓